Documenta Missionalia 37

FERDINAND GUILLÉN PRECKLER

Dieu dans la littérature africaine

En relisant les classiques africains

Cover: Serena Aureli

© Pontifical Biblical Institute
2012 Gregorian & Biblical Press
Piazza della Pilotta 35, 00187 - Roma
www.gbpress.net - books@biblicum.com

ISBN 978-88-7839-**218**-2

Introduction

Dans cette introduction nous aimerions tout simplement retracer l'histoire personnelle d'un intérêt théologique pour la littérature, puis donner le contenu et la méthode de ce travail en quelque sorte collatéral à la tâche d'enseignant, enfin offrir trois exemples d'analyse d'œuvres classiques en Afrique : *Les bouts de bois de Dieu,* d'Ousmane Sembène, *L'aventure ambiguë,* de Cheikh Hamidou Kane et *Le pauvre Christ de Bomba,* de Mongo Beti.

Petite histoire d'un intérêt personnel

Ma génération chrétienne a été marquée en Europe par l'œuvre remarquable d'un professeur de Louvain. Il s'agit de Charles Moeller (1912-1986), dont la « Littérature du XX siècle et christianisme » en 6 volumes, a donné à beaucoup de prêtres, séminaristes et fidèles, le sens d'une lecture profondément chrétienne des grands auteurs du temps[1]. Il a réussi à approcher romanciers et poètes de tout bord, avec sympathie et profondeur, en découvrant en eux la recherche vitale de l'âme contemporaine. C'est ainsi qu'il a analysé d'écrivains si divers que Camus, Gide, Huxley, Graham Greene, Julien Green, Bernanos, Sartre, Malraux, Kafka, Sagan, Unamuno, Brecht, Péguy…

---

[1] Voir. MOELLER Ch. Dans « Dictionnaire des théologiens », Paris, Bayard, 1998, p.318-1319.

Mon insignifiante imitation de ce grand maître est arrivée pendant mon séjour en Amérique Latine (1975-1981 ; 1985-1987). Ayant le goût d'approcher une nouvelle culture par ses écrivains, je me suis décidé à analyser trois auteurs – Rulfo, Fuentes et Carpentier – à travers trois œuvres caractéristiques[2].

Plus tard, étant transféré dans mon pays natal, la Catalogne en Espagne, j'ai poursuivi timidement cette entreprise avec quelque auteur catalan – Toni Pascual et Manuel de Pedrolo[3] – en y incluant un philosophe qui s'était intéressé à l'humanisme catalan – Ferrater Mora[4] -.

Arrivé en Afrique en 1987, tout spontanément je me suis mis dans le même travail, toujours à côté des obligations académiques et pastorales. Etant débarqué à Dakar, il était naturel de commencer par les auteurs sénégalais, du reste abondants et de grande qualité. C'est ainsi que je me suis approché d'Ousmane Sembène[5] et de Cheikh Hamidou Kane[6]. Plus tard a été le tour de Mongo Beti[7], puisque je me trouvais déjà au Cameroun.

Dans cette lancée, j'ai eu occasion d'instaurer à l'Ecole théologique Saint-Cyprien un séminaire sur « Littérature africaine et christianisme », qui a permis aux étudiants de s'ouvrir à ce type d'analyses, et à moi de connaître d'autres auteurs – Camara Laye, Labou Tansi, Ferdinand Oyono, Soyinka, Achebe... -.

---

[2] « El llano en llamas », « Las buenas conciencias » et « El siglo de las luces ».(Voir : *Analecta Calasanctiana* 25(1983), p.39-69).

[3] « Cristian » (voir : *Qüestions de vida cristiana*, n. 119 (1983), P. 82-103) et « El mecanoscrit del segon origen" (voir: *Qüestions de vida cristiana*, n. 125 (1985), p. 87-106).

[4] « Les formes de la vida catalana » (voir : *Qüestions de vida cristiana*, n. 128-129 (1985), p.148-162).

[5] « Les bouts de bois de Dieu » (voir : *Annales de l'Ecole Théologique Saint-Cyprien,,* n.15 (2004), p. 331-363).

[6] « L'aventure ambiguë » (voir : *Annales de l'Ecole théologique Saint-Cyprien,* n.9 (2001), p.357-390).

[7] « Le pauvre Christ de Bomba » (voir : *Annales de l'Ecole théologique Saint-Cyprien,* n. 5 (1999) p. 295-336).

Contenu et méthode

Mon effort se situe à l'intérieur d'un désir profond : l'analyse culturelle. Il m'est semblé que la lecture analytique des œuvres littéraires qui ont marqué une époque pourrait être une des approches privilégiées pour saisir l'esprit d'une culture à un moment donné. Il y a là une sorte de confiance a priori sur la capacité des artistes d'exprimer les aspirations vécues des peuples, bien que leur œuvre soit aussi très personnelle. Or, c'est justement dans cette expression artistique, et dans notre cas littéraire, qu'on peut déchiffrer et les « préparations évangéliques » et le degré d'inculturation de la foi, ainsi que parfois les obstacles ou résistances au Message chrétien.

Or, dans ce genre de travail, nous nous attelons à regarder en général des œuvres de fiction, où la véritable « thèse » de l'auteur est à découvrir, et où l'analyse doit montrer aussi les attitudes profondes du cœur, que l'écrit manifeste. Cela demande une certaine sensibilité pour saisir la page-clé du roman, là où l'on sent que l'auteur s'engage à fond et livre son message, comme la vérité la plus intime de son être[8]. C'est alors que le travail théologique commence, que l'on peut déceler la correspondance, le refus ou la perplexité peut-être, face aux perspectives, si paradoxales, du mystère de Dieu, du Sermon de la Montagne ou de la Pâque du Christ.

Il faut aussi tenir compte d'autres paramètres : la formation et même la psychologie de l'auteur, le moment où il écrit son œuvre et le contexte historique, économique et social dans lequel il évolue. Cela fait que cette analyse devienne de fait inter - disciplinaire. De quelle manière concrète ai-je normalement procédé ? Une fois choisi l'ouvrage à analyser, je fais une lecture suivie en tenant soin de noter dans quelque petite feuille à part les pages où il me semble qu'il y a une idée remarquable. Je prends soin

---

[8] Ce serait, peut-être, pour le *Journal d'un curé de campagne* de Bernanos, la longue conversation entre le curé et la comtesse le jour avant sa mort, ou pour *Le pouvoir et la gloire*, de Graham Greene la conversation entre le prêtre et le lieutenant révolutionnaire. Pour *Le pauvre Christ de Bomba*, je signalerai les dialogues entre le R. P. Drumont et Mr. Vidal.

aussi de noter les possibles sources de l'auteur, à travers les citations qu'il fait. Parfois je note déjà quelque question que la lecture soulève en mon esprit, ainsi que des remarques formelles sur le style, la langue, les figures littéraires employées. Cela constitue un matériel de base afin d'élaborer le travail de reconstruction interne de l'œuvre, à partir de certaines perspectives, qui peuvent varier d'ouvrage en ouvrage.

Mais je ne manque jamais de m'interroger sur l'horizon définitif de l'œuvre, c'est-à-dire sur la place de Dieu et de la religion, ainsi que sur les valeurs éthiques qui apparaissent dans le récit. On trouve donc, dans toutes les grandes productions littéraires, un apport original à la question religieuse, une manière de l'aborder, une connaissance plus ou moins exacte de la religion et du christianisme en particulier, une estime très différenciée de sa signification historique. Je suis donc un autodidacte de l'analyse théologique des œuvres littéraires et je n'ai pas eu le temps de lire beaucoup sur critique littéraire[9].

Au moment de rédiger, j'ai préféré de recopier pas mal de textes de l'auteur de telle sorte que le lecteur, même s'il ne connaît pas directement l'œuvre, peut avoir un aperçu assez direct et complet de son style et de ses positions. C'est encore la méthode franchement avouée de Charles Moeller[10].

Pour ce qui est plus concrètement de l'Afrique, je m'aperçoit que le choix des œuvres que j'ai lu et surtout commenté, appartient à l'époque héroïque qui prépare les Indépendances et qui a connu une pléiade d'écrivains qu'on a pris l'habitude d'appeler « classiques » et qui de fait, par la

---

[9] Le grand spécialiste actuel est le P. Jean Pierre Jossua, o.p., auteur de quatre volumes « Pour une histoire religieuse de l'expérience littéraire ». Le même auteur en a donné un résumé dans : « La littérature et l'inquiétude de l'absolu », Paris, Beauchesne, 2000, 194 p.

[10] « La méthode, que mes lecteurs connaissent, citer de nombreux textes mis le plus souvent en vedette, entraîne un grossissement d'avalanche : mais il fallait que l'on *entende* chaque auteur, avec sa voix *véritable*, celle que, peut-être, lui-même n'entend jamais, mais que les frères humains perçoivent comme un appel à l'avenir. Il fallait qu'on entende cette voix. Et non la mienne » MOELLER Ch., « Littérature du XX e siècle et christianisme », III, « Espoir des hommes », Tournai, Casterman, 1965 (7), p. 19.

perfection de la langue et par l'intérêt des contenus, sont entrés dans les programmes de beaucoup de pays et dans des éditions à but académique[11].

Il faut aussi signaler qu'une production très abondante existe déjà sur la littérature africaine, avec des manuels et des œuvres de critique remarquables[12]. Pour la perspective théologique, il existe une thèse de grande valeur : « L'africain et le missionnaire. L'image du missionnaire dans la littérature africaine d'expression française », due à Lucien Laverdière[13].

Je pense, pour ma part, que l'analyse devrait s'étendre et se poursuivre aux œuvres postérieures jusqu'à l'actualité et qu'un travail collectif s'impose, tout en restant sur la perspective théologique, qui me semble originale, à côté des perspectives de critique littéraire tout court. Il va sans dire que l'intérêt de ces analyses n'est pas purement sociologique o littéraire, mais qu'il fraie aussi la voie de la « nouvelle évangélisation », en montrant certaines lacunes de la « première évangélisation » et en découvrant l'évolution actuelle des mentalités et des attentes. Nous revenons donc à l'intuition initiale : l'analyse de la production littéraire constitue une voie privilégiée d'approche de la culture, qui prépare l'action profonde en vue de l'inculturation de la foi.

Ferdinand Guillén Preckler sch.p.

---

[11] Nous nous référons à la collection « Les classiques africains » des éditions Saint Paul de Versailles.

[12] Nous pensons spécialement à l'œuvre de CHEVRIER J., « Littérature nègre », qui a eu plusieurs éditions depuis 1974, mais aussi à KESTELOOT L., « Histoire de la littérature négro-africaine », Paris, Karthala-AUF, 2001. Nous signalons aussi la production critique abondante de NGANDU NKASHAMA Pius, p.e. « Ecritures et discours littéraires. Etudes sur le roman africain », Paris, L'Harmattan, 1989, et l'œuvre collective éditée par COMLAN PROSPER DEH, « Littérature africaine à la croisée des chemins », Yaoundé, CLE, 2001. En langue espagnole il est remarquable l'œuvre de PEREYRA V..-MORA L.M., « Literaturas africanas. De las sombras a la luz », Madrid, Mundo negro, 1998.

[13] Montréal, Bellarmin, 1987.

Les bouts de bois de Dieu

D'OUSMANE SEMBENE

Ecrit à Marseille d'octobre 1957 à février 1959, ***Les bouts de bois de Dieu**** est sans doute un des chefs d'œuvre de la littérature africaine contemporaine. Il s'agit de la narration vivante de la grève entamée par les ouvriers de la Régie du chemin de fer Dakar - Niger du 10 octobre 1947 au 19 mars 1948, avec toutes ses implications humaines, sociales, économiques et culturelles.

Ousmane Sembène, fils de pêcheur, est né en 1923 à Ziguinchor (Casamance, Sénégal). Autodidacte, il a été tour à tour apprenti, ouvrier et militaire. Démobilisé après la campagne d'Italie et d'Allemagne, il est devenu docker à Marseille, y assumant des responsabilités syndicales. Rentré en Afrique après une longue mobilisation (fracture de la colonne vertébrale) et de nombreux voyages en Europe, il mène depuis lors une double activité d'homme de lettres et de réalisateur cinématographique.

A travers notre analyse, nous ne voulons que remarquer quelques traits du style, souligner certains thèmes et surtout donner une possible lecture de la présence de Dieu dans le roman.

---

* Paris, Press Pocket, 1960, 381 p.

1. Forme

Disons d'abord que tout au long du livre nous y trouvons une sorte de fiction très subtile. On dirait que le roman n'a pas été « pensé » en français, tandis que de fait l'expression française est d'une précision et d'une richesse éblouissantes. C'est-à-dire, sauf dans les moments notés par l'auteur, les personnages ne s'expriment pas en français, mais dans leurs langues propres. Les discours français ne sont pas compris par les foules. Il y a même quelque trace de mauvais français qu'on parle :

« Aloss, aloss (=alors) hurla la grande –mère comme si elle voulait arracher ce mot des lèvres de sa petite-fille. Tu me parles à moi, la mère de ton père, et tu me dis « aloss…voulu .» Les toubabous (= les blancs) quand ils s'adressent à leur chien disent « aloss…voulu », et toi ma petite fille, tu me traites comme un chien !

Niakore-la-vieille n'avait jamais adressé la parole à un Blanc, mais ce mot lui écorchait le tympan. Sans qu'elle sache pourquoi, elle le trouvait grossier surtout en l'entendant de la bouche d'une enfant qui, en s'adressant à elle, aurait dû baisser la voix.

Aloss, aloss, répéta-t-elle. Je te parle en bambara et tu me réponds dans ce langage de sauvages, de voulos ! » (p.20).

Donc, d'une part, le français n'est pas la langue des protagonistes. Il est seulement la langue des Blancs du roman, et à l'occasion de quelques Noirs. D'autre part, les traces du bambara ou du wolof sont fréquentes. Pourtant, tout le roman est écrit en français. Il y a là une sorte d'alchimie très notable. Le lecteur fait confiance à l'auteur : il doit rendre parfaitement en français même les nuances des discours en d'autres langues. Or, l'impression est justement celle-ci, à tel point le français est riche et nuancé. On peut donc dire que ce genre de littérature va finalement élargir le français lui-même, en lui faisant véhiculer de « nouvelles âmes ».

En plus, soulignons la structure complexe du roman qui se déroule simultanément dans trois villes : Bamako (Mali), Thiès et Dakar (Sénégal) et avec tant de personnes, que le petit index du commencement (pp.9-10) devient presque nécessaire. Malgré cela, les épisodes et les personnages se trouvent bien coordonnés, et les rapports qui se nouent au fil du récit sont de plus en plus étroits, complémentaires et éclairants, surtout à travers le personnage central et fuyant : Bakayoko.

Comme nous noterons à propos des thèmes, on dirait que souvent les personnages, dans leur concrétion, sont pourtant des « types », des « symboles », des « catégories » universels.

Finalement, du point de vue formel, disons que sans sombrer dans le baroque, on y trouve des descriptions très remarquables[1]. Voici, par exemple, celle du paysage dans la marche des femmes vers Dakar :

> « Hommes et femmes traversaient un paysage que la saison sèche éprouvait durement. Des averses de soleil frappaient au cœur des herbes et les petites plantes, pompant leur sève. Feuilles et tiges s'inclinaient avant de tomber, mortes de chaleur. Seuls semblaient vivre les épineux à l'âme sèche, et, loin vers l'horizon, les baobabs hautains que les allées et venues des saisons ne dérangent guère. Sur le sol qui ressemblait à une croûte malsaine, on distinguait encore le dessein des anciennes cultures : petits carrés de terre craquelée d'où pointaient des moignons de tiges de mil ou de maïs, hérissés comme des dents de peigne. Plus loin entre des seins de terre brune, se profilaient des toits de chaume dansant dans la buée chaude et, venant d'on sait où, allant on ne sait où, des petits sentiers, des sentiers d'enfants, suivaient, une poussière rougeâtre car, en ce temps-là, l'asphalte n'avait pas encore recouvert la route de Dakar » (p.297).

2. Les femmes

Remarquons d'abord la présence des femmes tout au long du roman. Il faudrait même dire qu'elles ont une place de choix et que leurs actions apparaissent très valables. C'est à travers elles qu'on trouve quelques

---

[1] Par exemple : la description de Thiès (p.35), celles de Dejean, directeur du bureau de Thiès du Dakar-Niger (p.58), de N'Deye Touti, la fille européanisée (p.100-101), de Bernadini, « spécimen colonialiste » (p.357)…

pages sur l'amour et la famille. La vision qui en sort est, dans l'ensemble, très positive.

Faisons quelques exemples.
La vielle Niokoro Cissé est bien la voix de la tradition ancienne, pleine de dignité, même si elle est dépassée. Du reste, son meurtre, aux mains des policiers en fait une victime sainte, une martyre (pp.164-165).

Dans cette même ligne, Assistan, l'épouse de Bakayoko, représente le modèle de la femme africaine, en contraste avec d'autres femmes évoluées. Voici la description qu'en fait l'auteur :

« Assistan était une épouse parfaite selon les anciennes traditions africaines : docile, soumise, travailleuse, elle ne disait jamais un mot plus haut que l'autre. Elle ignorait tout des activités de son mari ou du moins faisait semblant de les oublier. Neuf ans auparavant, on l'avait mariée à l'aîné des Bakayoko. Sans même la consulter, ses parents s'étaient occupés de tout. Un soir, son père lui apprit que son mari s'appelait Sadibou Bakayoko et deux mois après on la livrait à un homme qu'elle n'avait jamais vu. Le mariage eut lieu avec toute la pompe nécessaire dans un famille d'ancienne lignée, mais Assistan ne vécut que onze mois avec son mari, celui-ci fut tué lors de la première grève de Thiès. Trois semaines plus tard, elle accouchait d'une fillette. De nouveau, l'antique coutume disposa de sa vie ; on la maria au cadet des Bakayoko : Ibrahima. Celui-ci adopta le bébé et lui donna ce nom étrange : Ad'jibid'ji. Assistan continua d'obéir. Avec la fillette et la grand-mère Niokoro, elle quitta Thiès pour suivre son mari à Bamako. Elle fut aussi soumise à Ibrahima qu'elle l'avait été à son frère. Il parlait des jours, il restait absent des mois, il bravait des dangers, c'était son lot d'homme , de maître. Son lot à elle, son lot de femme était d'accepter et de taire, ainsi qu'on le lui avait enseigné » (pp.170-171).

A l'opposé de cette description si complète de la femme traditionnelle, nous trouvons dans le roman de Sembène Ousmane la description de la jeune fille européisée. Il s'agit de N'Deye Touti dont voici la présentation, pleine de détails qui nous font saisir le changement de mentalité opéré par la présence coloniale :

« N'Deye, comme on l'appelait, était jolie et savait qu'elle était la coqueluche des garçons des environs. Avant la grève, elle fréquentait l'école normale de jeunes filles, ce qui lui donnait une nette supériorité sur les garçons mais en même temps faisait d'elle l'écrivain public du quartier. En écrivant leurs lettres d'amour ou leurs requêtes, en remplissant leurs feuilles d'impôts, elle se sentait de plus en plus éloignée de tous ceux qui formaient son entourage. Elle vivait comme en marge d'eux ; ses lectures, les films qu'elle voyait, la maintenait dans un univers où les siens n'avaient plus de place, de même qu'elle n'avait plus de place dans le leur. Elle traversait l'existence quotidienne comme en rêve, un rêve où se trouvait le Prince charmant des livres. N'Deye ne savait pas exactement qui serait ce prince charmant, ni quelle serait la couleur de sa peau, mais elle savait qu'il viendrait un jour, et qu'il lui apporterait l'amour. Les gens parmi lesquels elle vivait était polygames et N'Deye n'avait pas tardé à comprendre que ce genre d'union exclut l'amour, du moins l'amour tel qu'elle appelait leur « absence de civilisation ». Dans les livres qu'elle avait lus, l'amour s'accompagnait de fêtes, de bals, de vacances sur des yachts, de présentations de couturiers ; là était la vraie vie et non dans ce quartier pouilleux, où à chaque pas, on rencontrait un lépreux, un éclopé, un avorton. Lorsque N'Deye sortait d'un cinéma où elle avait vu des chalets faîtés de neige, des plages où se bronzaient des gens célèbres, des villes aux nuits éclaboussées de néon, et qu'elle rentrait dans son quartier, elle avait comme de nausée, la honte et la rage se partageaient son cœur. Un jour, s'étant trompée de programme, elle était entrée dans un cinéma où l'on projetait un film sur une tribu de négrilles. Elle s'était sentie rabaissée au niveau de ces nains et avait eu une envie folle de sortir de la salle en criant : « Non ! non ! ce ne sont pas de vraie Africains ! » Un jour alors qu'étaient apparues sur l'écran les ruines du Parthénon, deux hommes derrière elle s'étaient mis à parler à haute voix. N'Deye s'était dressée comme un furie et leur avait crié en français : « Taisez-vous ignorants ! Si vous ne comprenez pas, sortez ! » En fait, N'Deye Touti connaissait mieux l'Europe que l'Afrique ce qui, lorsqu'elle allait à l'école, lui avait valu plusieurs fois le prix de géographie. Mais elle n'avait jamais lu un livre d'un écrivain africain, elle était sûre d'avance qu'une telle lecture ne lui aurait rien apporté » (pp.99-101)[2].

---

[2] Dans les pages suivantes l'auteur nous parle d'un « soutien-gorge » employé par la fille, symbole de son « évolution vers la civilisation ». Un autre moment important de son itinéraire est la profonde déception à propos des Blancs (pp.184-187).

Il est difficile de mieux rendre l'état d'esprit d'une jeune étudiante, dans un Dakar tiraillé par des cultures si diverses. Or, de façon combien paradoxale, la « Prince charmant » de cette fille européisée sera justement le protagoniste fuyant du récit, ce dur Ibrahima Bakayoko ; la rencontre provoquera une crise très profonde dans la fille, qui subira une conversion vers le réalisme et l'africanité, dans les dernières pages du roman. En effet, tout en méprisant Daouda « Beau gosse », qui correspondait assez exactement à l'idée romantique du « Prince charmant », elle est capable même de proposer à Bakayoko de devenir sa deuxième épouse, mais elle reçoit une négative tranchante[3]. Dès lors, elle se rapproche des autres femmes et de leurs travaux :

> « Ainsi, jour après jour, accompagnée de Maïmouna et de la petite Anta, elle pousse sa barrique, la remplit au puits et la ramena à la maison. On l'appelait toujours « Mad'mizelle », mais on mettait dans le mot de l'admiration et de l'affection. Un matin que l'on cherchait du papier pour allumer le feu, elle alla prendre ses cahiers, sauf un qu'elle enfermait soigneusement et sur lequel, la nuit tombée, seule sous la lueur d'une bougie, elle écrivait un poème qui était comme le chant de mort de sa jeunesse » (p.347).

Il y a encore d'autres portraits de femmes très remarquables. Femmes du peuple, courageuses, pleines du bon sens de la vie et qui, un moment donné, manifestent un grand caractère. Ainsi Ramatoulaye, la tante de N'Deye Touti, qui n'a pas peur de tuer « vendredi », le mouton de El Hadji Mabigué (p.115). Ainsi encore l'aveugle Maïmouna, pleine de douceur et de constance, d'une pauvreté touchante, d'une profondeur humaine merveilleuse[4]. Ou bien Penda, la prostituée héroïque, qui conduira la marche des femmes, et qui moura dans l'accomplissement

---

[3] « Le passage de Bakayoko dans sa vie devait avoir pour la jeune fille des conséquences qu'elle ne soupçonnait pas elle-même au moment de cette dernière entrevue. Comme la terre se durcit sous le soleil de la saison sèche le cœur lui aussi devient dur sous les rayons du malheur » (p.346).

[4] « Pourquoi ceux qui ont des yeux ne peuvent-t-ils pas voir ? ...nous autres femmes, nous aimons un homme quand nous ignorons tout de lui, nous voulons son secret... » (p.304)

de sa mission. Elle avait une place dans le cœur de Bakayoko, qui en fait son éloge (p.342).

Il y a enfin, la petite Ad'jibid'ji, qui dans sa clairvoyance attentive mériterait une étude. Enracinée dans la tradition, mais extrêmement ouverte à tout ce qui se passe, sous la conduite de son père d'adoption, Bakayoko, elle est peut-être le symbole d'une Afrique nouvelle[5].

3. LES MENTALITES COLONIALES

Tout au long du roman nous trouvons la présence des Blancs, ces « toubabs », responsables de la Régie du chemin de fer et du gouvernement, qui dans leurs actions et dans leurs discours manifestent leur mentalité coloniale.

Nous voulons souligner d'un côté un ensemble d'européens qui à travers divers degrés représentent la tradition impérialiste : Dejean, Edouard, Isnard et son épouse Béatrice, Bernadini. De l'autre côté, la contestation de Leblanc, l'ivrogne, et une lueur de mentalité nouvelle chez Pierrot, le jeune employé du Dakar-Niger.

Rappelons quelques traits de la mentalité coloniale soulignés par l'auteur. Pour les Blancs, le Noirs ne sont que des enfants : « Isnard n'avait jamais considéré les Noirs que comme des enfants souvent difficiles mais, somme toute, assez maniables » (pp.236-237). Or la grève et les réactions de certains Noirs commencent justement à menacer cette vision :

(Isnard) «ne pensait même plus au refus des trois millions, l'échec qu'il était en train de subir était plus profonde. Des conceptions qui avaient été les siennes pendant des années, et sur lesquelles il avait construit sa vie, étaient mises en question ; une rage dont il se demandait s'il allait maîtriser, commençait à monter en lui » (p.237).

---

[5] « Grand –père, j'ai trouvé ce qui lave l'eau. C'est l'esprit, car l'eau est claire, mais l'esprit est plus limpide encore » (p.368).

Dans un moment d'énervement, Isnard tuera deux enfants. Il en restera très ébranlé, mais sa femme, Béatrice, réagira de façon caractéristique :

« Tu sais, un ou deux enfants de plus ou de moins, ça ne compte guère pour eux. C'est incroyable le nombre de gosses qui pullulent dans leurs quartiers... Les femmes n'attendent pas d'accoucher, qu'elles sont déjà pleines... » (p.255).

Cette même Béatrice sera tuée à la fin du roman, quand le départ d'Isnard est décidé (p.379).

Du reste, cette conscience de supériorité apparaît sous diverses formes :

« Il y a vingt ans, il n'y avait rien qu'une brousse plate. Cette ville, c'est nous qui l'avons bâtie. Maintenant, ils ont des hôpitaux, des écoles, des trains, mais si jamais nous partons, ils sont foutus, il n'y aura plus rien, la brousse reprendra tout. » (p.255).

Voici maintenant, la description de la mentalité de Dejean, le directeur des bureaux de Thiès :

« C'était peut-être Dejean pour qui cette crise était la plus inattendue, mais aussi la plus incompréhensible. Une discussion entre employeurs et employés suppose des employés et des employeurs. Lui, Dejean, n'était pas employeur, il exerçait une fonction qui reposait sur des bases naturelles, le droit à l'autorité absolue sur des êtres dont la couleur de leur peau faisait non des subordonnés avec qui l'on peut discuter, mais des hommes d'une autre condition, inférieure, vouée à l'obéissance sans condition... » (p.274-275).

Voyons encore une autre réflexion de Dejean, au plein milieu de la grève :

«...céder sur la question des allocations familiales, c'était beaucoup plus qu'agréer un compromis avec des ouvriers en grève, c'était reconnaître pour valable une manifestation raciale, entériner les coutumes d'êtres inférieurs, céder non à des travailleurs mais à des Nègres et cela Dejean ne le pouvait pas »(p.280).

La scène se termine par une allusion nationaliste de Dejean, et une réponse sereine de Bakayoko :

« - Sans la France et le peuple français, que seriez-vous ?
Nous savons ce qu'est la France et nous la respectons, nous ne sommes pas anti-français, mais encore une fois il ne s'agit ni de la France ni de son peuple, il s'agit d'employés qui discutent avec leurs employeurs » (p.282).

Une gifle de Dejean risque de déchaîner une vengeance immédiate, mais, le calme retrouvé, les délégués laissent le bureau. L'attitude de Dejean pourtant le conduira à la nécessaire démission.

Finalement, Sembène Ousmane nous présente le type le plus exécrable de la domination coloniale. Il s'agit de Bernadini, le responsable de la prison de Bamako, d'un racisme brutal et sadique. Voici la description :

« …Bernadini, ancien sergent-chef de la coloniale et présentement gardien-chef du cantonnement pénitencier des grévistes du Dakar-Niger. Retraité, il ne dépendait plus de l'autorité militaire coloniale, et les hommes qu'il avait sous ses ordres étaient des supplétifs, non des réguliers. C'était presque un spécimen d'une race disparue, mais on l'avait gardé, comme ça, pensant qu'un jour on pourrait avoir besoin de lui…Il était pupille de l'Assistance publique, Corse et il haïssait les "macaques" » (p.357).

C'est lui, par la pratique torture et par sa façon d'agir envers le vénérable Fa Koïta, qui représente le visage le plus inhumain de la mentalité coloniale.

De l'autre côté, il y aurait la contestation de Leblanc, l'ivrogne qui est arrivé même à contribuer de son argent au maintien de la grève des cheminots, mais qui est farouchement méprisé par ses compagnons "toubabs", et Pierrot, le jeune employé qui, à peine arrivé à la Régie, regarde le conflit avec des yeux nouveaux[6].

---

[6] Le discours du gouverneur rapporté à la fin, n'est qu'un exemple du paternalisme politique (p.332-333).

Dans l'ensemble donc, une vision plutôt sombre de la mentalité des responsables et des employés européens, surtout ceux qui, après beaucoup d'années, s'étaient endurcis dans leurs positions. Notre auteur y décèle un complexe de supériorité enraciné même dans l'inconscient des protagonistes[7].

Cette toile de fond nous permettra de mieux saisir l'originalité des mentalités africaines, telle que Sembène Ousmane nous la décrit.

4. LES MENTALITES AFRICAINES

Il n'est pas nécessaire de remarquer que dans notre roman, la mentalité des Africains est loin de se présenter comme monolithique. Il y a des différences notables, et chacun des personnages exprime une position personnelle ; or, en cherchant aussi un classement schématique, on dirait qu'il y a d'un côté le symbole de l'Africain européisé mais en même temps traître à la cause des siens (Daouda, dit " beau gosse") et de l'autre côté le héros incontestable du roman, Bakayoko, qui tout en ayant assimilé la culture française, devient capable de mener une lutte pour les siens, avec une lucidité admirable, un courage persévérant et une africanité mûre. A nos yeux il représente les possibilités de l'Afrique qui est en train de naître[8].

Pour ce qui est de la première position, une petite phrase d'un des grévistes à propos de Daouda, suffira à nous en rendre compte :

"Nous étions fiers de toi, fiers de pouvoir dire : "Voyez ce petit, il est cultivé, instruit, et pourtant il préfère lutter à côté de notre misère, et maintenant, tu

---

[7] Notons, en passant, que le Fondateur des Pères Spiritains, le vénérable Libermann, conseillait aux siens de se méfier des opinions des vieux européens d'Afrique. « N'écoutons pas facilement le dire des gens qui parcourent la côte quand ils vous parlent des peuplades qu'ils ont visitées, même s'ils y ont demeuré pendant plusieurs années…ils fausseraient toutes vos idées. »Lettre du 19 novembre 1847 à la communauté de Dakar, dans *Directoire Spirituel*, Paris, Maison-Mère, 1910, p.198.

[8] Dans la ligne des traîtres, il faut ranger aussi Diara, dont le jugement est une description vivante des problèmes du changement dans l' " ordre africain " (pp.149-153).

nous quittes. Ce n'est pas facile d'avoir une place au port, tu as dû voir des toubabs "(p.322)

Il y a encore, surtout au commencement du roman, un autre personnage marqué par un collaborationnisme suspect. Il s'agit de El Hadji Mabigué, le frère de Ramatoulaye, dont la mentalité pro-coloniale est teintée d'islamisme. Nous en reparlerons au moment d'analyser la religion dans le roman. (p.83ss).

Quant aux mentalités des protagonistes de la grève sans nous attarder à d'autres personnages, comme Tiémoko, Konaté, Lahtib ou Alioune, nous nous arrêtons surtout à l'égard de la figure et de la pensée de Bakayoko, le Malien qui domine la narration, et dont la position intellectuelle et humaine est très remarquable.

Bakayoko apparaît comme l'Africain capable de saisir la nouvelle situation et d'aider ses compatriotes à la comprendre et à la maîtriser, sans trahir le passé. Voici une courte citation qui nous semble représentative. Les grévistes sont perplexes à cause du silence de la « Fumée de la Savane » (le chemin de fer) :

« Quelque chose de nouveau germait en eux, comme si le passé et l'avenir étaient en train de s'éteindre pour féconder un nouveau type d'homme, et il leur semblait que le vent leur chuchotait un phrase de Bakayoko souvent entendue : « L'homme que nous étions est mort et notre seul salut pour une nouvelle vie est dans la machine, la machine qui, elle, n'a ni langage, ni race » (p.127).

Voici les mots de Bakayoko à ses compagnons, en présence de l'inspecteur du travail de la Compagnie :

« Nous sommes sur la voie et devant nous nous croyons voir un obstacle qui nous fait peur. Allons-nous nous arrêter et dire aux voyageurs : « Je ne peux plus avancer, j'ai peur de quelque chose, là-bas ? »- Non, nous avons la responsabilité du convoi, nous devons forcer jusqu'à voir s'il y a vraiment un obstacle. Monsieur l'inspecteur ici présent est cet obstacle qui nous fait peur, nous ne devons pas nous y arrêter. Est-il sincère lorsqu'il dit qu'il veut nous aider ? Je n'en sais rien et ne me demandez pas si je le crois ! Mais il devrait savoir qu'après des mois de grève tels que nous les avons subis, il nous est impossible de le considérer comme étant à nos côtés. Voilà ce que j'avais à dire et je le dis en français pour qu'il comprenne, bien que je pense que nous aurions dû parler en oulofou qui est notre langue » (p.271).

Or voici la description de l'âme du protagoniste donnée par Sembène :

« Bakayoko se tut et frotte la pierre de son briquet pour rallumer sa pipe éteinte, puis il se laissa aller cotre le dossier de sa chaise d'un mouvement lent, presque langoureux. Il avait un cœur sans méchanceté, mais il venait de parcourir plus de quinze cents kilomètres et les souffrances, les privations, les drames dont il avait été témoin, l'avaient durement éprouvé. Il fut étonné de constater que les battements de son pouls avaient le même rythme que ceux du tam-tam que l'on entendait quoique la porte et la fenêtre furent fermées » (p. 271).

Comment ne pas voir dans la remarque finale un signe de l'africanité de Bakayoko, de l'accord profond entre ses démarches et la vie de son peuple ? Du reste, Bakayoko fait preuve constante de sang froid et même de dureté du cœur. Son père, Bakary, arrive à murmurer : « Je me demande parfois si tu as un cœur... » (p.293)[9]. Mais il a conscience d'être, en quelque sorte, le responsable de toute la grève :

« Quand je suis sur la plate-forme de mon Diesel, je fais corps avec toute la rame, qu'il s'agisse de voyageurs ou de marchandises. Je ressens tout ce qui se passe au long du convoi, dans les gares, je vois les gens. Mais dès que la machine est en route, j'oublie tout. Mon rôle n'est plus que de conduire cette machine à l'endroit où elle doit aller. Je ne sais plus si c'est mon cœur qui bat au rythme du moteur ou le moteur au rythme de mon cœur. Pour moi, c'est ainsi qu'il en est de cette grève, nous devons faire corps avec elle... » (p.323).

---

[9] Cette même dureté apparaît dans les rapports avec les femmes. C'est ainsi qu'il refuse le souhait passionné de N'Deye de devenir son épouse (p.344).

Mais, c'est à la fin du roman que Bakayoko montre toute sa taille de leader de masses, quand il saisit un des micros au stade de Dakar, et, appuyé par la foule, il parle à toute l'assemblée réunie à l'occasion de l'arrivée des femmes à la capitale[10]. Voici quelques extraits de son discours :

« Il paraît que cette grève est le fait de brebis galeuses menées par des étrangers ? Il y a donc beaucoup de brebis galeuses dans ce pays et vous qui nous connaissez tous, dites-nous où sont les étrangers ? Il paraît aussi que nous ne pouvons rien créer, mais puisque nous avons arrêté plus rien ne roule. Il paraît que nos revendications seront satisfaites, mais lesquelles ? Nous avons demandé la retraite, les allocations, l'augmentation des salaires, un cadre d'auxiliaires, le droit d'avoir notre propre syndicat. Pas un de ceux qui ont parlé avant moi n'a prononcé un seul de ces mots. Ils sont pourtant forts simples. Notre député nous a dit qu'il était là pour nous venir en aide. Demandez-lui pourquoi il vote des lois sociales dans un pays qui se trouve loin du nôtre, et pourquoi il ne peut faire appliquer ces lois dans son propre pays ? Demandez-lui comment il vit, combien il gagne ? Mais peut-être trouvez-vous ces questions gênantes et peut-être désirez-vous que je me taise ? ». (p.337) (...)

« Puisque vous voulez que je continue, j'ai encore à vous dire ceci : lors de nos discussions on nous a dit que nos revendications étaient inconcevables parce que nos femmes et nos mères sont en réalité des concubines[11]. Lorsqu'il s'est agit d'aller se faire tuer à la guerre, a-t-on demandé aux patriotes s'ils étaient des enfants légitimes ou illégitimes ? Demandez aussi la réponse à cette question à votre député ! Et maintenant avant de m'en aller puisque je ne peux pas parler longtemps, il me reste une commission à faire : Monsieur le Gouverneur, Monsieur le député, vous voyez là devant vous la grand-mère Fatou-Wade. Elle a perdu son mari lors de la première guerre et son aîné lors de la seconde. On lui a donné ses médailles dont elle ignore la valeur et on vient de mettre son benjamin en prison pour fait de grève. Elle n'a plus rien. Monsieur le Gouverneur, Monsieur le député, reprenez ces médailles en échange de son fils et de son riz quotidien. » (pp.337-338) (...)

---

[10] Il y a d'autres moments aussi, où apparaît cette maîtrise des masses, (p.e. p.267-288).
[11] Même argumentation à la page 287. Il s'agit de l'opinion des blancs à propos de la polygamie.

« Mère, dit-il en wolof, j'ai fait la commission. Et maintenant vous, maçons, menuisiers, ajusteurs, pêcheurs, dockers, fonctionnaires, agents de police, miliciens, employés du secteur public et du secteur privé, comprenez que cette grève est aussi la vôtre, comme l'ont déjà compris ceux du Dahomey, de la Côte d'Ivoire, de la Guinée et de la France. Il dépend de vous, travailleurs de Dakar, que nos femmes et nos enfants connaissent des jours meilleurs. Nous pouvons le déplacer. En tout cas, les cheminots ne reprendront le travail que lorsque satisfaction leur sera donnée ! (338).

A noter la perfection oratoire du discours pour les masses, mais aussi le ton émotif des arguments du « dur » Bakayoko. Nous croyons que l'auteur a voulu bien peindre en lui le prototype du leader objectif et entraînant, dont la réussite est complète.

Or, un peu comme le Zampano de *La Strada* de Fellini, nous croyons qu'à la fin du roman il y a une « conversion affective » de Bakayoko[12], à propos de sa propre femme Assistan. Voici le petit épisode significatif :

« Au matin de ce jour, levé de bonne heure, il avait vu Assistan prendre son gros sac de voyage et se diriger vers le fleuve pour le laver.
Femme, avait-il dit, tu n'as rien mangé, tu es trop faible pour faire ce travail. Attends la reprise, tu retrouveras tes forces.
Assistan n'avait pas répondu, elle s'était assise pour recoudre des grosses pièces d'étoffe qui servaient de bretelle, mais au fond de son cœur elle avait senti la chaleur de la joie » (p.365).

Nous ne serons donc pas étonnés si, de façon voilée, les dernières phrases consacrées à Bakayoko nous le montrent comme dépassant l'attitude de haine dans son cœur :

« Il (Bakayoko) avait déjà entendu cette phrase "que la haine ne vous habite pas", c'était Lahbib qui l'avait dite. Mais comment se dresser sans haine contre l'injustice ? Il faut haïr pour mieux combattre. Soudain il se retourna. Ad'jibid, appela-t-il.

---

[12] « Peut-être le spectacle de la détresse morale autant que matérielle qu'il avait eu sous les yeux au cours de ses tournées pendant toute la grève l'avait-il mûri ? (p.365).

Owo, petit père, je suis là.
Où est ta mère ? Va la chercher. Il y a un grand bara ce soir sur la place, je vous emmène toutes les deux. » (p.368).

Bakayoko est donc le leader clairvoyant et audacieux, riche de la tradition et de la culture occidentale, qui au cri sans espoir de sa mère : « notre monde se défait », sait opposer : « notre univers s'élargit » (p.145). Et il sait même en assumer la responsabilité.

Notons, pourtant, chez lui, une absence totale de références religieuses. Comment est donc abordé l'aspect religieux dans le roman ?

5. Dieu

Bien que l'aspect religieux ne se trouve dans le roman que de façon indirecte, il serait faux de penser que Dieu est absent dans *Les bouts de bois de Dieu.*

Or, faisons une remarque initiale : dans notre roman on trouve des allusions à Dieu ou à la Providence en générale et surtout à l'Islam, à travers les divers personnages. On dirait par contre, que le christianisme n'appartient pas du tout au paysage du Sénégal, ou bien qu'il est relégué à quelques allusions lointaines du monde des "toubabs"[13].

Pour ce qui est de l'Islam, nous croyons que l'auteur a bien voulu mettre en relief la figure de Fa Keïta, le vieux bambara d'une foi intègre, sereine et ouverte, tout en lui opposant d'autres figures religieuses douteuses, ou même méprisables, comme El Hadji Mabigué ou le Serigne de Dakar.

Commençons donc par l'analyse de la présence de cette fausse attitude religieuse, qui se traduit dans des actions hypocrites ou dans des discours qui trahissent la connivence avec les oppresseurs.

La description que Sembène Ousmane nous fait d'El Hadji Mabigué suffit pour nous le faire mépriser :

---

[13] Ainsi l'appellatif "Vatican" à propos du quartier des Blancs à Thiès (p.253), ou l'allusion à une phrase évangélique : « tendre l'autre joue... » (p.295).

« Habillé comme pour une cérémonie de deux grands boubous enfilés l'un sur l'autre, le fez rouge enturbanné à la manière des Mecquois, El Hadji Mabigué s'avançait sur se babouches couleur citron en se protégeant du soleil sous une ombrelle d'un rose gorge-de-pigeon. Il ne put éviter sa sœur et s'informa poliment :

Comme se portent ceux de ta maison ?
Nous n'avons pas mangé hier et, pour aujourd'hui, je ne peux encore rien dire.
Les desseins de la Providence sont immenses... » (p.81).

L'essentiel est dit. Sous l'apparence d'une pure dévotion musulmane, Mabigué sera un menteur, un voleur de sa sœur, incapable de venir en aide aux siens, totalement asservi aux pouvoirs coloniaux, préoccupé de son gros bélier "vendredi "...

Ecoutons encore le jugement que Mabigué porte sur la grève des cheminots :

« Cette grève, c'est comme si une bande de singes désertaient un champ fertile ; qui est-ce qui en bénéficie ? Le propriétaire du champ ! Et puis nous n'avons pas à lutter contre la volonté divine... Je sais que la vie est dure, mais cela ne doit pas nous pousser à désespérer de Dieu... Il a assigné à chacun son rang, sa place et son rôle ; il est impie d'intervenir. Les toubabs sont là : c'est la volonté de Dieu. Nous n'avons pas à nous mesurer à eux car la force est un don de Dieu et Allah leur en a fait cadeau... »

Nous y trouvons un mélange d'idées coraniques avec les convenances personnelles de celui qui réussit à tirer profit de la situation.

Il n'est pas surprenant donc, si quelques pages plus tard nous apprenons la mort du bélier "vendredi" aux mains de la sœur de Mabigué, l'honnête Ramatoulaye, qui ne cesse de s'opposer à son hypocrite de frère (pp.114-115). Or, dans son action, Ramatoulaye a aussi une vive conscience religieuse, qui est loin du fatalisme intéressé de son frère :

> « Je sais que Dieu était de mon côté ... Je sais que l'on peut mourir de faim, et je sais encore que Hondia M'Baye n'a plus de lait ! Dieu sait tout cela, lui aussi... Le matin, j'avais dit à mon frère Mabigué que je tuerai vendredi, Dieu m'est témoin que ce n'est pas à cause de cela que l'ait fait. C'est parce que nous avons faim, trop faim... » (p.116-117).

Le fait n'est pas sans conséquences. Les soldats appelés par Mabigué provoquent l'indignation des femmes et l'incendie d'une partie du quartier ainsi que la mort de Hondia M'Baye. A notre intention il nous intéresse le discours du Serigne de Dakar, chef de la communauté musulmane, qui aura plusieurs apparitions dans le récit :

> « Voilà votre œuvre, femme ! Depuis quelques temps vous vous comportez comme des athées. Non seulement vous incendiez les demeures des gens paisibles, mais vous entravez la marche de la loi. C'est vous qui êtes responsables de la mort de cette mère et vous en répondrez devant le Seigneur. Vous êtes sans honte et sans vergogne, vous abandonnez vos foyers et vos enfants pour courir les rues telles des filles perverses. (...) Sachez que vos maris sont les jouets de quelques infidèles, sachez que ceux qui dirigent en réalité cette grève sont les communistes et que si vous saviez ce qui se passe dans leur pays, vous prierez Dieu et vous imploreriez son pardon sur eux. Ils vous parlent de famine, mais chez eux les gens ne mangent que deux ou trois fois par semaine. De plus, ce sont des hérétiques qui permettent au frère de coucher avec sa sœur. Dites cela à vos amis. Dieu nous a fait coexister avec les toubabs français, et ceux-ci nous apprennent à fabriquer ce dont nous avons besoin, nous ne devons pas nous révolter contre cette volonté de Dieu dont les connaissances sont un mystère pour nous. Je sais que l'on peut parfois prendre la mauvaise route, mais maintenant que je vous ai éclairées de mon humble savoir, rentrez chez vous. Je dirais au commissaire, comme je l'ai dit au député-maire, que vous ne recommencerez plus. Que le Tout-Puissant et son Prophète vous prennent sous leur sainte protection » (p.195-196).

C'est un exemple typique de discours religieux, appuyé sur l'autorité morale, avec des points de référence caractéristiques (les communistes, la morale sexuelle) et signe d'une claire collaboration avec les pouvoirs établis. Comme dans le cas précédent, les femmes réagissent avec la contestation. La "cause de Dieu" est compromise. La femme a été tuée par un policier. La justice est en jeu. L'action du Serigne est donc très ambiguë.

Vers la fin du roman, notre auteur revient sur les mêmes sur les arguments en général à propos des « guides spirituels ». « Après les prières il y avait un sermon dont le thème était toujours le même : « nous ne sommes pas capables de créer le moindre objet utile, pas même une aiguille, et nous voulons nous heurter aux toubabs qui nous ont tout apporté ? C'est de la démence. Vous feriez mieux de remercier Dieu de nous avoir apporté les toubabs qui adoucissent notre vie par leurs inventions et leurs bienfaits.»

Les imams, furieux de la résistance des ouvriers à leurs injonctions, se déchaînaient contre les délégués, les chargeant de tous les péchés : l'athéisme, l'alcoolisme, la prostitution, la mortalité enfantine ; ils prédisaient même que ces mécréants amèneraient la fin du monde... (p.318) (cf. p.326)[14].

Dans le rassemblement dakarois au stade, à l'arrivée des femmes, le Sérigne N'Dakarou y est présent aussi. Son discours est le premier de la grande séance. Il revient sur ses topiques :

> « Il reprit le thème de ses sermons, mit en garde ses fidèles contre les mauvaises influences venues de l'étranger et fit l'éloge du Gouverneur et du député, qui, malgré leurs lourdes charges, avaient tenu à honorer cette réunion de leur présence. Pour donner plus de poids à ses paroles, il termina en lisant les deux premiers versets du Coran d'une voix forte » (p.332).

Bakayoko, pourtant, reprendra pour un instant les idées du Serigne, pour les rétorquer : « Le grand Serigne N'Dakarou vous a parlé de Dieu. Ne sait-il donc pas que ceux qui ont faim et soif désertent le chemin qui mène aux mosquées ? » (p.336).

Si toute la présence de la religion dans de *Les bouts bois de Dieu* était réduite à ces personnages – Mabigué et le grand Serigne- on aurait beau à aligner Sembène Ousmane avec les critiques de la religion d'orientation marxiste sans plus.

---

[14] Il s'agit du genre de sermon critique depuis le temps des Lumières, comme étant du pur obscurantisme.

Or, notre roman présente aussi une autre figure, intensément religieuse et profondément musulmane, sur laquelle il faut s'attarder : Fa Keïta, un vieux bambara de Bamako, authentique sage dans l'esprit. Depuis les premières pages du roman, Fa Keïta apparaît comme l'homme prudent, ouvert à la nouveauté des temps. Voici une courte, mais représentative conversation avec sa femme, Niakoro :

> « - Niakoro, répondit le vieux, nous aussi les anciens nous devons apprendre et savoir que les connaissances actuelles ne sont pas innées en nous. Non, le savoir n'est pas une chose innée. Depuis des mois, j'apprends cela. Avec regret, crois-moi.

– Vaï ! des mensonges ! Tout ce que sait un enfant, une grande personnes le sait mieux que lui.
– Tu ne travailles pas, toi. Tu ne sais pas qu'il y a de nouvelles machines. Moi non plus, je ne le connais. Mais demain, demain, Niakoro, que sais-tu de demain ? Si tout à l'heure, à la maison du syndicat, j'avait dit les paroles que tu viens de prononcer, on m'aurait sorti !
– Et tes cheveux blancs ; à quoi te servent-ils, alors ?
– Ne confonds plus respect et savoir… » (pp.29-30).

Plus tard, au moment où Diara est jugé à Bamako pour avoir repris le travail, le discours et la position du vieux Keïta sont aussi très remarquables :

> « Il y a bien longtemps… bien avant votre naissance, les choses se passaient dans un ordre qui était le nôtre, et cet ordre avait une grande importance pour la vie de chacun. Aujourd'hui tout est mélangé. Il n'y a plus de castes, plus de griots, plus de forgerons, plus de cordonniers, plus de tisserands. Je pense que c'est l'œuvre de la machine qui brasse tout ainsi… » (pp.153-154).
> (…) « Nous avons tous voulu la grève, nous l'avons faite et Diara avec nous. Puis Diara a repris le travail. Vous dites qu'il est un traître et vous avez peut-être raison. Nous voulons tous gagner, donc personne ne doit reprendre le travail sans les autres. C'est cela vivre en frères. J'en ai entendu qui demandaient des châtiments, mais vous ne tuerez pas Diara. Ce n'est pas que quelques-uns n'en auraient pas le courage, ce qu'on ne les laisserait pas faire, moi le premier. Si vous voulez imiter les sbires de vos maîtres, vous deviendrez comme

eux, des barbares[15]. C'est un sacrilège de tuer, oui pour des saints hommes, c'est un sacrilège, et je prie Dieu qu'il ne fasse pas naître une telle pensée dans votre cœur. Donc, il reste la bastonnade. Certains d'entre vous ont parlé de battre Diara. La petite fille qui est assise à côté de moi n'est corrigée que rarement, moi, mon père me frappait souvent, et sans doute beaucoup parmi vous l'ont été aussi. Mais les coups ne corrigent rien. Quant à Diara, vous l'avez déjà frappé, vous l'avez frappé là où tout être humain digne de ce nom est le plus vulnérable. Vous l'avez couvert d'opprobre devant tout le monde. Vous lui avez aussi fait plus de mal que par une punition corporelle. Je ne sais pas ce que sera demain, mais en voyant cet homme devant moi, je ne pense pas que l'un d'entre nous soit maintenant tenté de l'imiter » (pp.154-155).

Voilà un discours plein de la sagesse véritable des anciens. Mamadou Keïta, tout en considérant qu'un monde s'est effondré[16] à cause de la machine, reste capable de recueillir l'héritage des valeurs anciennes, mais en les corrigeant, et cela dans un profond sens religieux de la vie : Dieu inspire les pensées du cœur, tuer un homme c'est un sacrilège, la correction morale est meilleure que la punition corporelle.

Rien d'étonnant donc, si en rentrant à la maison, Fa Keïta décide de faire une retraite et de « s'adresser au Tout-Puissant » (p.157).

Or, c'est à la fin du roman que Fa Keïta donnera toute la grandeur de sa taille spirituelle. En effet, d'une façon absolument injuste et inconcevable pour la mentalité bambara le vieux est conduit à la prison de Bamako (Mali), sous Bernadini, que nous connaissons déjà.

Notons en premier lieu la réaction pleine de foi de Mamadou Keïta, face aux paroles grossières et insultantes qu'il entend dans l'obscurité de la prison :

« Fa Keïta était indigné. Il avait vu et entendu bien de choses dans sa longue vie, mais jamais n'avait rencontré les marques d'un tel manque d'éducation en présence d'un homme âgé. « Ce sont des gens de mauvais aloi, Dieu, tends-

---

[15] A souligner cette vision des méthodes des Blancs, dont nous aurons une preuve dans la torture de Fa Keïta, à la fin du roman.
[16] Cf. ACHEBE Chinua, *Un monde s'effondre* (1958).

moi la main, j'implore ta protection et la miséricorde ! Qu'ai-je fait pour mériter un tel châtiment ? » Des larmes coulèrent sur ses joues » (p.355).

Mais il faut dire que d'après Sembène la dégradation des prisonniers est due aux circonstances inhumaines auxquels les ont réduit les Blancs. A peine Fa Keïta se présente, tous lui rendent hommage, et la prison retrouve un visage humain.

Dans les pages suivantes nous assistons à une scène de torture, décrite avec détail, mais sans sadisme. C'est à ce moment que notre vieux décide de faire la prière islamique. Il sera châtié. Nous verrons en lui la figure du véritable confesseur :

« Fa Keïta, lui, semblait se désintéresser de la scène, son regard était fixé vers l'Est, au-delà des barbelés, au-delà de la savane, et des grands arbres qui épaulaient le ciel, loin à l'horizon ; ses yeux allaient à la rencontre de la seule chose qui méritait vraiment la souffrance : la foi en Dieu. Cette dégradation qui frappait des êtres humains lui était insupportable. Certes, il ne partageait pas l'enthousiasme des « jeunes » qui les avait amenés là, mais il commençait à se demander si ces « jeunes » n'avaient pas raison contre sa sagesse. Il marcha encore deux tours puis il prit la décision à laquelle il réfléchissait depuis un moment ; puisqu'il ne pouvait pas prier dans la pestilence de la prison, il profiterait de cet occasion qui lui était offerte ; à pas lents, il quitta les rangs et se dirigea vers l'enceinte du camp ; il s'arrêta, ramassa une poignée de sable pour les ablutions et se redressa en ceignant son pagne. Les paumes ouvertes, tournées vers la Kaaba, il commença à psalmodier : Allalou Ackbarou... » (p.361).

Il y a donc quelque chose qui ne s'est pas effondré dans le vieux Keïta : la foi en Dieu, même si les événements vont amener une rude épreuve. L'image du vieux, par trois fois interrompu brutalement dans sa prière, est d'une incontestable grandeur. Fa Keïta rentrera au cachot avec le sang du réseau des barbelés dans son corps.

Une fois rentré à sa maison, Mamadou Keïta, après le succès de la grève, convoque les notables chez lui, Bakayoko, aussi y étant présent :

« Avant de nous séparer tout à l'heure j'ai entendu des paroles qui ne m'ont pas semblé bonnes. Si je me trompe, vous pouvez m'interrompre. Là-bas, il m'est arrivé de souhaiter la mort du « gendarme », il m'est même arrivé bien pire ; je doutais de l'existence de Dieu[17] et quand ces pensées coulaient en moi je pleurais de honte » (pp.366-367). (…) « Tout à l'heure… j'ai entendu Konaté et Tiémoko qui parlaient de tuer le « gendarme ». Mais s'il faut le tuer, il faudra aussi tuer les Noirs qui lui obéissaient et les Blancs à qui il obéissait et où cela finira t-il ? Si l'on tue un homme comme celui-ci, il y en a un autre pour prendre sa place. Ce n'est pas ce qui est important. Mais faire qu'un homme n'ose pas gifler parce que de votre bouche sort la vérité, faire que vous ne puissiez plus être arrêtés parce que vous demandez à vivre, faire que tout cela cesse ici ou ailleurs, voilà ce que vous devez expliquer aux autres afin que vous n'ayez plus à plier devant quelqu'un, mais aussi que personne n'ait à plier devant vous. C'est pour vous dire cela que je vous ai demandé de venir car il ne faut pas que la haine vous habite » (p.367).

Dans une suprême sincérité d'âme, Fa Keïta conserve donc l'essence de la sagesse ancienne : la foi en Dieu, malgré le rude coup de la Providence divine que la prison a déclenché, et le respect sacré pour l'homme, qui lui fait dénoncer tout mouvement de haine.

Voilà donc les deux grands modèles religieux que présente le roman. D'un côté une religion faite de prestige extérieur, mais qui recouvre une collaboration honteuse avec l'injustice, représentée par Mabigué et le Sérigne de Dakar. De l'autre une religion faite d'honnêteté et du sens de la Providence et de la Miséricorde divines, tout en acceptant convic-

---

[17] Dans le roman il y a un autre moment où la tentation de l'athéisme apparaît. C'est la prière du vieux Somkaré, peu avant de mourir. Prière d'une rare intensité : « Seigneur qui m'aimez, me voici seul à poursuivre ma route. Après avoir tant souffert, voilà que je ne suis encore qu'au début de ma peine. Suis-je donc un damné ? O Dieu, que faites-vous pour moi ? Vous n'empêchez ni le méchant d'agir ni le bon de s'écrouler sous le poids de son fardeau de misère et par vos commandements vous arrêtez le bras du juste qui se lève pour réparer l'offense. Existez-vous vraiment ou n'êtes-vous qu'une image ? Nulle part, je ne vous vois vous manifester. Seigneur, vous êtes le Dieu de la Providence, vous m'avez accordé votre grâce, est-ce moi qui n'ai pas coopéré ? Pardonnez-moi et agissez, Seigneur, car j'ai faim, j'ai vraiment faim. Seigneur qui m'aimez, agissez car je mérite votre secours » (p.206). Est-ce que l'âme de l'auteur se cache sous ces expressions ?

tions sacrées et héroïques sur la justice, la vérité et la paix du cœur. Une foi donc qui engendre une vraie sagesse, d'une grande humanité. C'est la religion de Fa Keïta.

Or, la phrase finale du vieux de Bamako nous semble à retenir : « Car il ne faut pas que la haine vous habite ». De fait, nous croyons y découvrir là l'humanisme de l'auteur. **Les bouts de bois de Dieu** est traversé par un « leit motiv », le rythme des tam-tams et le chant des femmes et du peuple, chant rythmé qui est méprisé par les Blancs, mais qui justement souligne la revendication vaillante de la justice sans haine (cf. pp.267 ; 276 ; 292 ; 296…). Et le roman se clôt justement par ces mots de ce chant, la **Légende de Comba**

« Pendant des soleils et des soleils,
Le combat dura,
Comba, sans haine, transperçait ses ennemis,
Il était tout de sang couvert.
Mais heureux est celui qui combat sans haine » (p.379).

6. CONCLUSION

Les bouts de bois de Dieu a été terminé en février 1959, il y a plus de 50 ans, quand l'Afrique était encore sous la domination coloniale. Maintenant, pouvons-nous dire que le tableau dessiné persiste ?

D'un côté nous croyons que la plume d'Ousmane Sembène nous a donné des types d'hommes et de femmes qu'on trouverait difficilement tels quels dans la réalité, mais qui, en quelque sorte, nous donnent une images vivante de cette Afrique de l'Ouest entre la Deuxième Guerre mondiale et les Indépendances : rencontre de cultures, fidélités et trahisons, courage et peur, prise de conscience d'une dignité et d'une capacité de lutte…

D'autre côté, le roman reste une grande leçon à méditer par la jeunesse d'aujourd'hui, qui, fille d'autres circonstances, risque de sombrer dans des réalités plus immédiates, même plus matérielles.

Est-ce qu'il y a encore des Bakayoko ou des Fa Keïta ? Est-ce que les citoyens se sentent aussi protagonistes de leur histoire, que les cheminots du roman ?

Peut-être d'ici quelques années nous aurons quelque roman qui nous décrira une autre jeunesse, moins héroïque et affronté à d'autres problèmes humains, économiques, sociaux et politiques. Or, il est sûr que l'aspect religieux, tel que le roman le signale, élargi avec d'autres éléments, comme la présence de l'Eglise et des religions traditionnelles en plus de l'Islam, reste peut-être le grand thème de fond de la nouvelle synthèse que l'âme africaine est appelée à réaliser dans ce temps, les temps de la « machine ». Quelle foi en Dieu sera capable de nouer le passé et le présent et de produire un humanisme véritable et ouvert à la transcendance, qui redonne confiance à l'homme africain et l'amène à contribuer de façon originale à la future « civilisation de l'universel » ?[18].

---

[18] Dans ces moments du terrorisme mondialisé, la leçon spirituelle de Fa Keïta devient d'une extrême actualité. Y a-t-il encore au sein de grandes religions, et spécialement au sein de l'Islam, des voix comparables à celle de ce vieux sage malien ? Nous croyons que le réponse est positive, bien que souvent peu publique.

L'aventure ambiguë

CHEIKH HAMIDOU KANE

Nous voici en face d'un classique africain, *L'aventure ambiguë,* publié en 1961 chez Julliard. Son auteur, Cheikh Hamidou Kane, né en 1928 près de Matam, dans le Sénégal oriental, est un musulman Diallobé, qui a appris le peul comme langue maternelle et qui a fréquenté l'école coranique. Ayant suivi par après l'école française, il est parti pour la France après son Baccalauréat. Licencié en Philosophie et en Droit, breveté de l'Ecole Nationale de la France d'Outre-mer, il retourne au Sénégal en 1959. Il assume d'importantes tâches dans l'Administration et auprès d'organismes internationaux. Comme écrivain il devient célèbre à cause de ce petit chef-d'œuvre que nous voulons commenter.

En effet, depuis la première page nous sommes saisis par la haute qualité spirituelle d'un récit qui, tout en présentant l'enjeu de l'âme africaine aujourd'hui, « débouche sur une réflexion qui nous concerne tous : l'angoisse d'être homme » (Chevrier J.).

Après avoir présenté le cadre du récit, nous nous bornerons successivement aux thèmes suivants : la foi, l'Occident et « l'aventure ambiguë ». Notre perspective reste toujours celle d'une lecture théologique, en vue de faire ressortir l'expérience de Dieu reflétée dans le roman.

1. Le cadre

Voici les lignes maîtresses d'un récit qui, d'une façon assez simple, est beaucoup plus un miroir de l'âme qu'une fenêtre sur le monde.

Notre narration commence dans une école coranique au cœur d'un village Diallobé, au Sénégal oriental. Le cadre s'élargit avec des scènes où nous apprenons à connaître la famille, le chef, les camarades du protagoniste, Samba Diallo, bien que la figure du maître Thierno soit dominante dans ce premier moment. Nous nous trouvons plus tard avec l'arrivée de l'école coloniale et l'entrée de Samba dans cette institution d'Occident, non sans un aigu débat familial. Nous assistons alors à une progressive découverte, souvent blessante, de ce monde occidental, puisque les études de Samba Diallo se poursuivent plus tard jusqu'en Terminale.

La deuxième partie nous situe d'emblée en France et à l'Université. Samba a des nouvelles rencontres fort significatives, non seulement avec la Philosophie européenne, mais aussi avec plusieurs personnes comme le pasteur protestant Martial et sa fille Lucienne, devenue communiste, les émigrants africains et les enfants noirs nés à Paris ... Les nouvelles du village ne manquent pourtant pas et le récit finit par le retour au pays natal, après la mort du maître. La tension monte au paroxysme dans la scène finale, où le fou du village tue dans le cimetière Samba Diallo, qui se refusait de prier ... Une mystérieuse conversation avec l'au-delà clôt le récit de façon suggestive.

Le tout parsemée de réflexions, de prières, même de visions symboliques, on dirait sans halte, sans repos, sans perdre un instant l'impression de vivre un drame spirituel intense et déchirant.

Même les descriptions se font du point de vue subjectif, comme par exemple, cette « arrivée en Europe » du fou du village décrite par lui-même de façon superbe :

> « Ce fut le matin que j'y débarquai. Dès mes premiers pas dans la rue, j'éprouvai une angoisse indicible. Il me sembla que mon cœur et mon corps ensemble se crispaient. Je frissonnai et revins dans l'immense hall du débarcadère. Sous moi, mes jambes étaient molles et tremblantes. Je ressentis une forte envie de m'asseoir. Alentour, le carrelage étendait son miroir bril-

lant où résonnait le claquement des souliers. Au centre de l'immense salle, j'aperçus une agglomération de fauteuils rembourrés. Mais, à peine mon regard s'y était-il posé que je ressentis un regain de crispation, comme une insurrection accentuée de tout mon corps. Je posai mes valises à terre et m'assis à même le carrelage froid. Autour de moi, les passants s'arrêtèrent. Une femme vint à moi. Elle me parla. Je crus comprendre qu'elle me demanda si je me sentais bien. L'agitation de mon corps se calmait, malgré le froid du carrelage qui me pénétrait les os. J'aplatis mes mains sur le carrelage de glace. L'envie me prie même d'ôter mes souliers, pour toucher du pied le froid miroir glauque et brillant. Mais j'eus vaguement conscience d'une incongruité. Simplement, j'étendis mes jambes, qui entrèrent ainsi en contact toute leur longueur avec le bloc glacé. (…) Déjà autour de moi un petit groupe s'était formé. Un homme se fraya un passage jusqu'à moi. et me pris le poignet. Puis il fit signe qu'on me mît sur un divan proche. Quand des mains empressées se tendirent vers moi pour me soulever, je les écartai, et, d'un mouvement très dégagé, je me mis debout, dominant d'une bonne tête toute l'assistance. J'avais recouvré ma sérénité et, maintenant que j'était debout, rien ne dut leur apparaître, de toute ma personne, qui ne fût solide et parfaitement sain. Autour de moi, je sentis que les gens se consultaient, un peu surpris de ma résurrection subite. Je bredouillai des mots d'excuse. Je me baissai et, ramassant aisément une lourde valise de chaque main je traversai le cercle des spectateurs ébahis. Mais, à peine étais-je dans la rue que je sentis de nouveau renaître ma crispation. Au prix d'efforts considérables, je réussi à rien laisser paraître et me hâtais de m'éloigner de cet endroit. Sur mon dos, je sentais à travers les vitres du hall immense le poids de nombreux regards. Je tournai un coin de rue et, avisant une porte enfoncée dans un mur, je déposai mes valises à terre et m'assis sur une d'elles, à l'abri de la sollicitude des passants. Il était temps, car mon tremblement recommençait de devenir apparent. Ce que j'éprouvais était plus profond qu'une simple séduction de mon corps.

Ce tremblement qui, maintenant que j'étais assis, se mouvait à nouveau, me parut l'écho fraternel de mon corps à un désarroi plus intime. Un homme, passant à côté de moi, voulut s'arrêter. Je tournais la tête. L'homme hésita puis, hochant la tête, poursuivit son chemin. Je le suivis du regard. Son dos carré se perdit parmi d'autres dos carrés. Sa gabardine grise, parmi les gabardines. Le claquement sec courait à ras d'asphalte. L'asphalte … Mon regard parcourait toute l'étendue et ne vit pas de limite à la pierre. Là-bas, la glace du feldspath, ici, le gris clair de la pierre, ce noir mat de l'asphalte. Nulle part la tendre mollesse de la terre nue. Sur l'asphalte dur, mon oreille exacerbée, mes yeux avides guettèrent vainement, le tendre surgissement d'un pied nu. Alentour, il n'y avait aucun pied. Sur la rue dure, rien que le claquement d'un millier de coques dures. L'homme n'avait plus de pieds de chair ? Une femme passa, dont la chair rose des mollets se durcissait monstrueusement en deux conques terminales, à ras d'asphalte. Depuis que j'avais débarqué, je n'en avais pas vu un. La marée des conques sur l'étendue de l'asphalte courait à ras. Tout au tour, du sol au faîte des immeubles, la coquille nue et sonore de la pierre faisait de la rue une vasque de granit. Cette vallée de pierre était parcourue dans son axe, par un fantasmatique fleuve de mécaniques enragées. Jamais, autant que ce jour-là, les voitures automobiles – je connaissais cependant ne m'étaient apparues ainsi souveraines et enragées, si soumises bien qu'obéissantes encore. Sur le haut du pavé qu'elles tenaient pas un être humain qui marchât. Jamais je n'avais vu cela ; maître des Diallobé. Là, devant moi, parmi une agglomération habitée, sur des grandes longueurs, il m'était donné de contempler une étendue parfaitement inhumaine, vide d'hommes. Imagines-tu cela, maître, au cœur même de la cité de l'homme, une étendue interdite à sa chair nue, interdite aux contacts alternés de les deux pieds … » (pp. 100-104).

La citation a été longue, mais elle a la vertu de nous introduire à l'auteur et au drame spirituel de *L'aventure ambiguë*.

Nous avons maintenant le cadre du récit. Nous avons aussi l'allure du livre : une narration de profondeur souvent mystique, avec une culture abondante[1], mais l'horizon reste toujours la transcendance. Un véritable « récit métaphysique ». Et la raison de cette profondeur nous semble le sujet même, c'est-à-dire, l'ambiguïté d'une aventure qui met en rapport brutal l'expérience de la Parole de Dieu et ses certitudes dans l'Islam, avec la raison occidentale et son déroutant soupçon universel, au-delà et à travers le choc entre l'Afrique et l'Europe au niveau des âmes.

---

[1] A travers les études de Samba Diallo, en effet, les noms des plus grands philosophes d'Occident viennent spontanément sous la plume de Cheikh Hamidou Kane : Pascal, Descartes, Platon, Socrate, Augustin, Lénine…

2. La foi

Analysons d'abord l'expérience fondamentale de Samba Diallo qui est sans doute celle de la puissance de la Parole. En effet, à travers son vieux maître coranique Thierno, notre jeune Diallo a une sorte de contact brutal et ravissant avec la Parole de Dieu, telle qu'elle se présente dans les versets coraniques. Voici la première leçon du maître que Cheikh Hamidou Kane nous transcrit :

> « Sois précis en répétant la Parole de ton Seigneur... Il t'a fait la grâce de descendre son Verbe jusqu'à toi. Ces paroles, le Maître du Monde les a véritablement prononcées. Et toi, misérable moisissure de la terre, quand tu as l'honneur de les répéter après lui, tu te négliges au point de les profaner. Tu mérites qu'on te coupe mille fois la langue... » (p. 14).

Or, à cette présentation si nette de l'inspiration coranique, qui vaut plus que beaucoup de discours, correspond une assimilation profonde de l'enfant, qui va s'enraciner véritablement dans son esprit :

> « Cette phrase qu'il ne comprenait pas, pour laquelle il souffrait le martyre, il l'aimait pour son mystère et sa sombre beauté. Cette parole n'était pas comme les autres. C'était une parole venue de Dieu, elle était un miracle, elle était telle que Dieu lui-même l'avait prononcée. Le maître avait raison. La parole qui vient de Dieu doit être dite exactement, telle qu'il lui avait plu de la façonner. Qui l'oblitère mérite la mort... » (pp. 14-15).

Il faut partir de cette expérience initiale, pour bien comprendre la tragédie qui va se dérouler dans le récit. Dans sa simplicité enfantine, Samba réussit à poser un « acte de foi » dans la révélation divine d'une grande profondeur. La méthode pourrait nous dérouter, ou même nous révolter, il faut avouer pourtant qu'elle est cohérente avec l'affirmation radicale du texte, comme « prononcé » par Dieu lui-même, en vue d'engendrer la foi salvifique. Or, il est vrai que la grandeur religieuse de toute oblation totale à la Parole, ne nous cache pas le danger évident de la rigidité spirituelle[2]. Mais écoutons encore la suite de l'expérience spirituelle de l'enfant :

> « Le maître lâche l'oreille sanglante. Pas une larme n'avait coulé sur le visage de l'enfant. La voix était calme et son débit mesuré. La Parole de Dieu coulait, pure et limpide, de ses lèvres ardentes. Sa tête endolorie était bruissante. Il contenait en lui la totalité du monde, ce qu'il y a de visible et ce qu'il y a d'invisible, son passé et son avenir. Cette parole qu'il enfantait dans la douleur, elle était l'architecture du monde, elle était le monde même.» (p.15).

Il va sans dire que le regard attentif du maître a découvert chez Samba Diallo le signe de la prédilection de Dieu, et il aime aussi intensément cet enfant qui lui apparaît comme une promesse divine. La méthode de la « bûche ardente » qui roussit la peau nous fait bien comprendre pourquoi Samba songe dans son intérieur au « verset incandescent » (p. 16).

Le complément de cette première approche de la foi est sas doute la description du maître lui-même que Kane nous donne avec précision et finesse. La qualité mystique de Thierno et son rayonnement spirituel sont hors pair :

> « L'homme était vieux, maigre et émacié, tout desséché par ses macérations. Il ne riait jamais. Les seuls moments d'enthousiasme qu'on pouvait lui voir étaient ceux pendant lesquels, plongé dans ses méditations mystiques, ou écoutant réciter la Parole de Dieu, il se dressait tout tendu et semblait s'exhausser du sol, comme soulevé par une force intime. Les moments étaient nombreux par contre où, poussé par une colère frénétique par la paresse ou les bévues d'un disciple il se laissait aller à des violences d'une brutalité inouïe. (…) Le maître était un homme redoutable à beaucoup d'égards. Deux occupations remplissaient sa vie : les travaux de l'esprit et

---

[2] Le lecteur chrétien se sent immédiatement choqué par ces expressions. Il croit aussi à l'inspiration de la Bible et à la puissance de la Parole de Dieu. Il croit surtout au Verbe incarné et pourtant son « acte de foi » prend une tournure foncièrement différente, du fait même de l'incarnation du Verbe.

le travaux des champs. Il consacrait aux travaux des champs le strict minimum de son temps et ne demandait à la terre plus qu'il ne faut pour sa nourriture, extrêmement frugale, et celle de sa famille, sans les disciples. Le reste de son temps, il le consacrait à l'étude, à la méditation, à la prière et à la formation des jeunes gens confiés à ses soins... » (p. 17).

Nous avons donc la parfaite image de l'ascète, d'une inflexible exigence avec soi-même et avec les autres et d'une étrange tendresse au cœur même de sa sévérité. Cette description nous aide à bien saisir la profonde empreinte qu'il imprimait dans ses disciples[3].

Notons en passant l'extrême simplicité du message proposé par notre auteur. Il s'agit bien sûr de la foi islamique, mais le nom de Mohammed n'est prononcé qu'en passant (cf. p. 41, 46). Les pratiques populaires, surtout les plus éloignées de la pureté originale, sont absentes (par exemple, les fêtes, les gris-gris, les consultations, les traditions, les complications légales...), seules l'adoration de Dieu unique et la méditation des versets coraniques apparaissent comme véritablement essentielles. Dans le contexte du récit, sous l'empreinte du maître, la foi est anéantissement devant Dieu, et toute velléité humaniste est exclue d'avance comme païenne :

« Le maître croyait profondément que l'adoration de Dieu n'était compatible avec aucune exaltation de l'homme. Or, au fond de toute noblesse, il est un fond de paganisme. La noblesse est l'exaltation de l'homme, la foi est avant tout humilité, sinon humiliation. Le maître pensait que l'homme n'au aucune raison de s'exalter, sauf précisément dans l'adoration de Dieu » (p. 33).

Cependant la description de la prière du maître, très pénible à cause des rhumatismes, revêt un remarquable caractère d'humanité et de profondeur spirituelle. Le vieux « avait peine à maintenir son sérieux... De nouveaux, ce rire en lui se retenait d'éclater. A ce moment, le maître, qui avait levé les deux bras, face à l'Est, pour commencer sa prière s'inter-

---

[3] Voici les mots qui définissent l'entrée de notre enfant dans l'école coranique : «L'année suivante en effet, conduit par sa mère, revenait au maître qui prit possession de lui, corps et âme » (p ; 22).

rompit, assombri soudain par un soupçon. Ce rire n'est-il pas impie ? (...) Non, pensa-t-il. Mon rire est affectueux. Je ris parce que mon vieux compagnon fait des farces avec le craquement des articulations. Mais sa volonté est meilleure que jamais... » (p. 40).

Un peu plus tard, en face de la Grande Royale, princesse Diallobé qui montrera une remarquable ouverture à la modernité, la réflexion du vieux maître est encore d'une grande humilité en vérifiant qu'il est le plus écouté du pays :

> « L'homme voudra toujours des prophètes pour l'absoudre de ses insuffisances. Mais, pourquoi l'avoir choisi lui, qui ne savait même pas à quoi s'en tenir sur son propre compte ? » (p. 46).

D'où une simple profession islamique admirable :

> « Madame, Dieu a clos la sublime lignée de ses envoyés avec notre prophète Mohammed, la bénédiction soit sur lui. Le dernier messager nous a transmis l'ultime Parole où tout a été dit. Seuls les insensés attendent encore » (*Ibid.*)[4].

Et dans la perspective de perdre Samba Diallo, son disciple aimé qui passerait à l'école des blancs, la réaction du maître est encore profondément spirituelle : « Seigneur, se peut-il que je me sois tant attaché à cet enfant ? Ainsi, j'ai des préférences dans mon foyer... Ainsi, ô mon Dieu, pardonnez-moi. Et ils me regardent, me veulent pour guide » (p.48)[5].

Or, la spiritualité mystique du maître a un regain éclatant dans l'âme du disciple. Voici un exemple de cette vie de Samba imprégnée du désir du Paradis, à travers sa prière pour la Vieille Rella disparue. La scène se déroule dans le cimetière :

---

[4] Avec des nuances, la description chrétienne à l'égard du Christ est très proche de cette affirmation (cf. VATICAN II , *Dei Verbum,* n. 4 : le Christ achève la Révélation).

[5] Dans son ensemble, la description du maître Thierno nous semble proche du courant mystique musulman appelé soufisme.

« Longtemps, l'enfant, près de son amie morte, songea à l'éternel mystère de la mort et, pour son compte, rebâtit le Paradis de mille manières. Lorsque vint le sommeil, il était tout à fait rasséréné, car il avait trouvé : le Paradis était bâti avec les Paroles qu'il récitait, des mêmes lumières brillantes, des mêmes ombres mystérieuses et profondes, de la même féerie, de la même puissance. Combien de temps dormait-il ainsi, près de cet absolu qui le fascinait et qu'il ne connaissait pas ? » (p. 53)[6].

Voici encore une expression de la qualité spirituelle de cet enfant. Il est déjà à l'école coloniale, et il est devenu ami de Jean, l'enfant de Mr. Lacroix. Les deux amis se sont promenés ensemble :

« Excuse-moi, Jean. Voici le crépuscule et il faut que je prie. Samba Diallo se leva, se tourna vers l'Est, leva les bras, mains ouvertes, et les laissa tomber, lentement. Sa voix retentit. Jean n'osa pas contourner son camarade pour observer son visage, mais il lui sembla que cette voix n'était plus la sienne. Il restait immobile. Rien ne vivait en lui, que cette voix qui parlait au crépuscule une langue que Jean ne comprenait pas. Puis son long caftan blanc que le soir teintait de violet fut parcouru d'un frisson. Le frisson s'accentua en même temps que la voix montait. Le frisson devint un frémissement qui secoua le corps tout entier et la voix, un sanglot. A l'Est, le ciel était un immense cristal couleur de lilas. Jean ne sut pas combien de temps il demeura là, fasciné par Samba Diallo pleurant sous le ciel. Il ne sut jamais comment s'acheva cette mort pathétique et belle du jour » (p. 71-72).

La prière du jeune musulman devient donc expérience ineffable de Dieu et se traduit par cette effusion inexprimable[7]

Reproduisons encore un autre aspect de la profondeur spirituelle de Samba Diallo. Il s'agit de son attachement au maître des Diallobé, au moment de partir du village :

---

[6] Notons en passant que ce désir du ciel est un des traits aussi de la mystique chrétienne. Voir : AUGUSTIN ? *La cité de Dieu* l. XXII et JEAN DE LA CROIX, *Llama de amor viva*.

[7] La vie mystique des enfants et des adolescents n'a été étudiée de près, mais les souvenirs des saints qui ont décrit leur enfance confirme leur vécu, par exemple chez Augustin, Thérèse d'Avila, Jean Bosco, Thérèse de Lisieux…

« ... il allait quitter le maître. Son départ pour L. signifiait aussi cela. Il ne verrait plus le maître. La voix du maître récitant la Parole. L'air du maître écoutant la Parole. Loin du maître il y avait bien son père et sa mère, il y avait bien la douceur de la maison à L. Mais près du maître, Samba avait connu autre chose qu'il avait appris à aimer. Lorsqu'il essayait de se représenter ce qui le retenait ainsi attaché au maître, en dépit de ses bûches ardentes et de ses sévices, Samba Diallo ne voyait rien, sinon peut-être que les raisons de cet attrait n'étaient pas du même ordre que celle qui lui faisaient aimer son père et sa mère, et sa maison de L. ... Elles devaient être du même ordre aussi que celles qui lui faisaient haïr qu'on lui rappelle la noblesse de sa famille... » (p. 76).

L'âme du disciple a bien saisi la nature transcendantale de cette amitié filiale. Le maître, en l'accueillant, lui dit en effet : « Ainsi tu vas retourner à L. ? Tu n'oublieras pas la Parole, n'est-ce pas, mon fils ? Tu n'oublieras jamais ? (p. 78). Et voici la prière intérieure de Thierno : « Seigneur ... n'abandonne jamais cet enfant. Que la plus petite mesure de ton empire ne le quitte pas, la plus petite partie du temps » (p. 79).

Même si Samba n'avait pas une pleine conscience du caractère proprement religieux de sa relation au maître, un rayonnement de cette profondeur l'avait totalement séduit dans une pureté indescriptible. Nous découvrons dans cette page de Kane l'intuition de l'importance de la qualité de l'amour que nous recevons et surtout la radicale originalité de cet amour, quand il s'agit de l'amour divin. Le maître a su conduire Samba à l'adoration de Dieu à travers la Parole. La gratitude est débordante. Certaines expressions de saint Paul nous font songer à cette profonde expérience de paternité spirituelle : « Auriez-vous en effet des milliers des pédagogues dans le Christ, que vous n'avez pas plusieurs pères ; car c'est moi qui, par l'Evangile, vous ai engendré dans le Christ » (I Cor 4, 15).

Nous voulons encore recenser un autre moment intense de la vie religieuse de Samba. Il s'agit de la « Nuit du Coran »[8] :

---

[8] « Il était d'usage que revenu près de ses parents, l'enfant qui avait achevé ses études récitât de mémoire le Livre Saint, toute une nuit, en leur honneur » (p. 83, note 1).

« Samba Diallo sortit doucement de sa chambre dans la cour, se promena de long en large, puis, lentement, préluda la Nuit du Coran qu'il offrait au chevalier (son père). Sa voix à peine audible d'abord s'affermit et s'élève par gradation. Progressivement, il sentit que l'envahissait un sentiment comme il n'en avait jamais éprouvé auparavant. Toute parole avait cessé dans la maison. Le chevalier d'abord nonchalamment étendu, s'était dressé à la voix de Samba Diallo et il semblait maintenant qu'en entendant la parole il subît la même lévitation qui exhaussait le maître. La mère s'était détachée du groupe des femmes et s'était rapprochée de son fils. De se sentir écouté ainsi par les deux êtres au monde qu'il aimait le plus, de savoir qu'en cette nuit enchantée, lui, Samba Diallo, était en train de répéter pour son père ce que le chevalier lui-même avait fait pour son propre père, ce que, de génération en génération, depuis des siècles, les fils des Diallobé avaient fait pour leurs pères, de savoir qu'il n'avait pas failli en ce qui le concernait, et qu'il allait prouver à tous ceux-là qui l'écoutaient que les Diallobé ne mourraient pas en lui, Samba Diallo fut un moment sur le point de défaillir mais, il songea qu'il importait pour lui, plus que pour aucun autre de ceux qui l'avaient précédé, qu'il s'acquittât pleinement de sa Nuit. Car, cette Nuit, lui semblait-il, marquait un terme. Le scintillement d'étoiles au-dessus de sa tête, n'était pas le verrou constellé rabattu sur une époque révolue ? Derrière le verrou, un monde de lumière stellaire brillait doucement, qu'il importait de glorifier une dernière fois. Sa voix, qui avait progressivement levé comme liée à la poussée des étoiles se haussait maintenant à une plénitude pathétique. Du fond des âges, il sentait sourdre en lui et s'exhaler par sa voix un long amour aujourd'hui menacé » (p. 83-84).

Magnifique description de l'état d'esprit de Samba en accomplissant ce geste traditionnel, la Nuit du Coran. La présence de l'ambiguïté de l'aventure qui commence à se dérouler dans son âme s'insinue, le drame religieux amorcé est vécu dans toute son ampleur humaine. Mais, pourquoi l'école nouvelle, et derrière elle, la culture d'Occident, était une menace pour ce monde de « lumière stellaire », le monde révélé par le Coran ?

3. L'Occident

Bien que du point de vue historique, la première apparition de l'Occident dans l'horizon africain ait été commerciale et militaire, dans notre récit la véritable offensive de l'Occident est l'école. Depuis le commencement, la résistance à cette institution de pénétration étrangère, subtile mais efficace, est signalée en milieu Diallobé. Voici un paragraphe représentatif de cet état d'esprit :

> « Il y a cent ans, notre grand père, en même temps que les habitants de ce pays, a été réveillé un matin par une clameur qui montait du fleuve. Il a pris son fusil et, suivi de toute l'élite, s'est précipité sur les nouveaux venus. Son cœur était intrépide et il attachait plus de prix à la liberté qu'à la vie. Notre grand père, ainsi que son élite, ont été défaits.
> Pourquoi ? Comment ? Les nouveaux venus seuls le savent. Il faut le leur demander, il faut aller apprendre chez eux l'art de vaincre sans avoir raison. Au surplus, le combat n'a cessé encore. L'école étrangère est la forme nouvelle de la guerre que nous font ceux qui sont venus... » (p. 47).

Mais, qu'est-ce que l'école dans la conscience des notables du pays ?

> « L'école apprend aux hommes seulement à lier le bois au bois ... pour faire des édifices de bois..
> Le mot école, prononcé dans la langue du pays, signifiait bois. Les trois hommes sourirent d'un air entendu et légèrement méprisant à ce jeu de mots classique à propos de l'école étrangère.
> Les hommes, certes, doivent apprendre à se construire des demeures qui résistent au temps... » (p. 19).

Mais l'école étrangère n'est pas si innocente que ces propos sembleraient insinuer :

> « ... la question est troublante. Nous refusions l'école pour demeurer nous-mêmes et pour conserver à Dieu sa place dans nos cœurs. Mais avons-nous encore suffisamment de force pour résister à l'école et de substance pour demeurer nous-mêmes ? » (p. 20).

Du reste, ces notables Diallobé sont au courant du problème religieux d'Occident, et leur analyse est loin d'être ingénue :

« ... J'ai appris qu'au pays des blancs, la révolte contre la misère ne se distingue pas de la révolte contre Dieu. L'on dit que le mouvement s'étend, et que, bientôt, dans le monde, le même grand cri contre la misère couvrira partout les voix des muezzins. Quelle n'a pas dû être la faute de ceux qui croient en Dieu, si, au terme de leur règne sur le monde, le nom de Dieu suscite le ressentiment des affamés ? » (p.21)[9].

Donc il y a un problème profond, un problème qui touche l'âme de ces hommes et de ces femmes dans leurs convictions les plus intimes, un problème qui touche leur raison de vivre. Ils voient dans l'école des blancs un danger radicale pour la survie de cette raison de vivre, qui n'est rien d'autres que leur foi religieuse. Un dilemme se pose donc entre l'école et le développement qu'elle apporte, et la foi et ses certitudes d'éternité : au foyer on apprend Dieu au risque de devenir de plus en plus misérable, à l'école on apprend la technique au risque d'oublier Dieu. Quoi faire ?

C'est une femme, la Grande Royale, qui tranche décidément pour l'école étrangère, et sa position frappe le chef et le maître, dont la vision reste beaucoup plus traditionnel et religieuse :

« L'école étrangère est la forme nouvelle de la guerre que nous font ceux qui sont venus, et il faut y envoyer notre élite, en attendant d'y pousser tout le pays. Il est bon qu'une fois encore l'élite précède. S'il y a un risque, elle est la mieux préparée pour le conjurer, parce que la plus fermement attachée à ce qu'elle est. S'il est un bien à tirer, il faut que ce soit elle qui l'acquière la première. Voilà ce que je voulais vous dire, mon frère. Et, puisque le maî-

---

[9] En se souvenant que le livre a été publié en 1961 par quelqu'un qui rentrai de France, on ne peut pas s'empêcher de voir ici une allusion à une certaine vision marxiste. Les années écoulées et les évènements récents, au moment où nous faisons ce commentaire, nous mènent à une position plus nuancée : le développement peut et doit se faire avec Dieu.

tre est présent, je voudrai ajouter ceci. Notre détermination d'envoyer la jeunesse noble du pays à l'école étrangère ne sera obéie que si nous commençons par y envoyer nos propres enfants. Ainsi, je pense que vos enfants, mon frère, ainsi que notre cousin Samba Diallo doivent ouvrir la marche » (p. 47-48).

Il s'agit donc d'une position aristocratique, dans le sens le plus traditionnel. L'élite des Diallobé doit partir dans la logique d'une formation complète et même difficile, avec la certitude qu'elle restera attachée aux valeurs éternelles. Une position courageuse que la Grande Royale ne cessera de soutenir avec succès. Voici encore ses raisonnements :

« Je viens vous dire ceci : moi, la Grande Royale, je n'aime pas l'école étrangère. Je la déteste. Mon avis est qu'il faut y envoyer nos enfants cependant » (p. 56).
« L'école où je pousse nos enfants tuera en eux ce qu'aujourd'hui nous aimons et conservons avec soin, à juste titre. Peut-être notre souvenir lui-même mourra-t-il en eux. Quand ils nous reviendront de l'école, il en est qui nous ne reconnaîtrons pas. Ce que je propose c'est que nous acceptions de mourir en nos enfants et que les étrangers qui nous ont défaits prennent en eux toute la place que nous aurons laissée libre » (p. 57).

Il va sans dire que cette impitoyable générosité est ressentie comme le sacrifice suprême. Hamidou Kane note les « deux grosses larmes » qui coulent du « rude visage du maître des forgerons » (*ib.*).

L'Occident donc, les étrangers, les blancs, constituent une présence bouleversante, et l'école est toujours le centre, ou mieux, l'instrument d'un ordre nouveau qui donnera un nouveau visage à l'Afrique :

« ... ceux qui étaient venus ne savaient pas seulement combattre. S'ils savaient tuer avec efficacité, ils savaient aussi guérir avec le même art. Où ils avaient mis du désordre, ils suscitaient un ordre nouveau. Ils détruisaient et construisaient. On commença, dans le continent noir, à comprendre que leur puissance véritable résidait, non point dans les canons du premier matin, mais dans ce qui suivait ces canons. Ainsi, derrière les canonnières, le clair regard de la Grande Royale des Diallobé avait vue l'école nouvelle » (p. 60).

Après les militaires donc, les instituteurs, et avec eux, cette nouveauté combien plus radicale. Notre auteur nous décrit l'arrivée de Mr. Lacroix et la découverte que les enfants blancs font de leurs camarades noirs d'une façon superbe (cf. p. 61-62). L'expérience de Samba Diallo dans l'école étrangère est décrite aussi avec un art suprême. Le disciple préféré du maître des Diallobé, intelligent et concentré, constitue une présence unique dans la salle des cours :

« Il (Mr. Lacroix) avait eu, dans cette classe, comme l'impression d'un point où tous les bruits étaient absorbés, où tous les frémissements se perdaient. On eût dit qu'existait quelque part une solution de continuité à l'atmosphère ambiante. Ainsi, lorsqu'il arrivait à la classe entière de rire ou d'esclaffer, son oreille percevait comme un trou de silence non loin de lui... Le trou de silence, la brèche de paix, c'était lui (Samba Diallo) » (p. 63-64).

En effet, Samba Diallo confessera plus tard qu'il a été conquis par l'école des blancs, par leur « alphabet », par la clarté de leur culture, face à l'obscurité mystique de l'école coranique, qui pourtant lui donnait l'impression de communier à l'être des choses et du monde.

Voici la réponse de Samba Diallo à l'invitation d'Adèle, une enfant noire parisienne qui lui propose : « Raconte-moi comment ils t'ont conquis » (p. 172) :

« Je ne sais pas trop. C'est peut-être avec leur alphabet. Avec lui, ils portèrent le premier coup rude au pays des Diallobé. Longtemps, je suis demeuré sous la fascination de ces signes et de ces sons qui constituent la structure et la musique de leur langue. Lorsque j'appris à les agencer pour former des mots, à agencer les mots pour donner naissance à la parole, mon bonheur ne connut plus de limites. Dès que je sus écrire, je me mis à inonder mon père de lettres que je lui écrivais et lui remettais en main propre, afin d'éprouver mon savoir nouveau, et de vérifier, le regard fixé sur son visage, pendant qu'il lisait, qu'avec mon nouvel outil, je pouvais lui transmettre ma pensée sans ouvrir la bouche. J'avais interrompu mes études chez le maître des Diallobé au moment précis où il allait m'initier enfin à la compréhension rationnelle de ce que jusque-là, je n'avait fait que réciter, avec émerveillement il est vrai. Avec eux, voilà que, subitement, j'entrai de plain-pied dans un univers où tout était, de prime abord, compréhension et communion totale… » (p. 172-173).

Mais derrière ce premier moment de clarté, notre récit nous montre un abîme « philosophique » entre la tradition africaine et l'Occident actuel.
Ici, notre auteur introduit la figure du chevalier, c'est-à-dire du père de Samba Diallo, qui dans le récit représente le Sénégal cultivé, réfléchi, extrêmement sensible et profond, avec une sérénité imperturbable.
En effet, avec une délicatesse remarquable, Hamidou Kane nous retrace un soliloque du chevalier d'une grande profondeur anthropologique – civilisation égal disponibilité (cf.p. 80) – afin d'accuser l'Occident de suicide, à travers une sorte d'hallucination frappante :

« Un point de notre globe[10] brillait d'un éclat aveuglant, comme si un foyer immense y eût été allumé. Au cœur de ce brasier, un grouillement d'humains semblait se livrer à une incompréhensible et fantastique mimique d'adoration. Débuchant de partout, de profondes vallées d'ombres déversaient des flots d'êtres humains de toutes les couleurs, d'êtres qui, à mesure qu'ils approchaient du foyer, épousaient insensiblement le rythme ambiant et, sous l'effet de la lumière, perdaient leurs couleurs originales pour la blafarde teintes qui recouvraient tout alentour. Il ferma les yeux pour chasser la vision. Vivre dans l'ombre, vivre humblement et paisiblement, au cœur obscur du monde, de sa substance et de sa sagesse… » (p. 82).

L'essentiel est dit. La lumière d'Occident est un mirage. Le chevalier n'est pas contre la technique, mais il est carrément contre l'adoration que l'Occident fait de la maîtrise du monde, et il croit que le monde entier est pris d'une sorte de « convoitise » de cette nouvelle religion de l'homme, qui conduit à une fatale métamorphose de l'humanité, sous la férule d'Occident.
Tout le septième chapitre de la première partie de notre roman est consacré à cette confrontation d'attitudes extrêmement profonde, à travers la conversation entre Mr. Lacroix, l'instituteur de Samba Diallo, et le che-

---

[10] La terre.-

valier. Hamidou Kane a choisi le scénario du crépuscule et le point concret de la confrontation devient la croyance ou le refus de « la fin du monde ». Il s'agit donc de l'affrontement entre deux eschatologies, c'est « l'épreuve définitive » (Balthasar).

Pour le croyant « la fin du monde » veut dire jugement et vérité. D'où une profonde espérance. Pour l'Occident c'est le progrès indéfini de la science, et il est fait de petites vérités rassurantes.

Le discours intérieur des deux intervenants dans ce dialogue métaphysique est profondément révélateur :

> « C'est donc cela, pensa Lacroix. La vérité qu'ils n'ont pas maintenant, qu'ils sont incapables de conquérir, ils l'espèrent pour la fin. Ainsi, pour la justice aussi. Tout ce qu'ils veulent et qu'ils n'ont pas, au lieu de chercher à le conquérir, ils l'attendent à la fin » (p. 88).
> « J'étais sûr qu'il n'aurait pas compris, songea le chevalier. Ils sont tellement fascinés par le rendement de l'outil qu'ils ont perdu l'immensité infinie du chantier. Ils ne voient pas que la vérité qu'ils découvrent chaque jour est chaque jour plus étriquée. Un peu de vérité chaque jour ... bien sûr, il le faut, c'est nécessaire. Mais la Vérité ? Pour avoir ceci, faut-il renoncer à cela ? » (p. 88-89).

Pour le croyant qu'est le chevalier, la science n'est qu'une vérité partielle, la Vérité ne se situe qu'à « la fin de l'histoire ». D'où, au crépuscule, il souhaite à tout l'Occident « de retrouver le sens de l'angoisse devant le soleil qui meurt » (p. 90). Or, il a fini par envoyer son enfant à l'école occidentale, et il prié Dieu de nous sauver tous. M. Lacroix répond par un sceptique : « Il nous sauvera s'il existe » (p. 91).

La suite du récit ne fait que confirmer ces vues. Dans le chapitre suivant, une belle conversation entre le chevalier et son fils, désormais brillant lycéen à l'école des blancs, revient encore sur des thèmes semblables et nous donne une appréciation globale sur l'évolution de la pensée occidentale. Samba Diallo, en effet, commence à réfléchir de façon très profonde sur la possible confrontation entre le travail et Dieu, tandis qu'il en main les *Pensées* de Pascal. Son père lui fait ce commentaire éclairé :

« C'est certainement l'homme d'Occident le plus rassurant. Mais, méfie-toi même de lui. Il avait douté. Lui aussi a connu l'exil. Il est vrai qu'il est revenu ensuite, en courant ; il sanglotait de s'être égaré, et en appelait au « Dieu d'Abraham, d'Isaac et de Jacob », contre celui des « philosophes et des savants ». Son itinéraire de retour commença un miracle et s'acheva comme une grâce. Les hommes d'Occident connaissent de moins en moins le miracle et la grâce... » (p. 108).

Plus tard, c'est « apprenti de philosophe » qu'est Samba Diallo, devenu étudiant de la Faculté de Philosophie à Paris, et travaillant sur le *Phédon,* fait ce raccourci de l'histoire de la Philosophie en Occident, au pasteur Marc Martial :

« Il m'a semblé que cette histoire avait subi un accident qui l'a gauchi et, finalement, sortie de son projet. Est-ce que vous me comprenez ? Au fond, le projet de Socrate, ne me paraît pas différent de celui de saint Augustin, bien qu'il y ait le Christ entre eux. Ce projet est le même, jusqu'à Pascal. C'est encore le projet de toute la pensée non occidentale » (p. 126).

Interrogé à ce propos, Samba Diallo exprime avec clairvoyance la nouveauté cartésienne :

« Ne sentez-vous pas comment le projet philosophique n'est plus tout à fait le même chez Pascal et chez Descartes déjà ? Non qu'ils se soient préoccupés de problèmes différents, mais qu'ils s'en sont occupés différemment. Ce n'est pas le mystère qui a changé, mais les questions qui lui sont posées et les révélations qu'on attend. Descartes est plus parcimonieux dans sa quête ; si, grâce à cette modestie et aussi à sa méthode, il obtient plus de réponses, ce qu'il apporte nous concerne moins aussi, et nous est de peu de secours. Ne croyez-vous pas ? » (p. 126).

Cependant, dans un premier moment, Samba présente une résistance solide à cet Occident qui penche vers l'athéisme, mis des symptômes de fatigue commencent à apparaître. Voici, par exemple, une prière angoissée pendant cette période :

« Ils disent que l'être écartelé de néant, est un archipel dont les îles ne se tiennent pas en dessous, noyées qu'elles sont de néant. Ils disent que la mer, qui est telle que tout ce qui n'est pas elle y flotte, c'est le néant. Ils disent que la vérité c'est le néant, et l'être, avatar multiple.
Et toi (Dieu), tu bénis leur errement. Tu lui attaches les succès comme l'endroit à l'envers. Sous le flot de leur mensonge qui s'étend, la richesse cristallise ses gemmes. Ta vérité ne pèse plus très lourd, mon Dieu... » (p. 39)[11].

Nous ne sommes pas étonnés si cette atmosphère produit dans notre protagoniste des réflexions typiquement matérialistes (cf. p. 140-141). Or, malgré ces tâtonnements, dans une très intéressante conversation entre Samba et Lucienne, la fille du pasteur protestant inscrite au parti communiste, les deux positions, croyante et athée, s'affrontent encore avec netteté :

« Lucienne, mon combat déborde le tien dans tous les sens... Tu ne t'es pas seulement exhaussé de la nature. Voici même que tu as tourné contre elle le glaive de ta pensée, ton combat est pour l'assujettir. N'est-ce pas ? Moi, je n'ai pas encore tranché le cordon ombilical qui me fait un avec elle. La suprême dignité à laquelle j'aspire, aujourd'hui encore, c'est d'être sa partie la plus sensible, la plus filiale. Je n'ose pas la combattre, étant elle-même. Jamais je n'ouvre le sein de la terre, cherchant ma nourriture, que préalablement je ne lui en demande pardon, en tremblant. Je n'abats point d'arbre, convoitant son corps, que je ne lui supplie fraternellement. Je ne suis que le bout de l'être où bourgeonne la pensée... par là, mon combat est loin derrière le tien, dans la pénombre de l'origine... Ne nous cachons rien, cependant. De ton propre aveu, lorsque tu auras libéré le dernier prolétaire de sa misère, que tu l'auras réinvesti de dignité, tu considéreras que ton œuvre est achevée. Tu dis même que tes outils, devenus inutiles, dépériront en sorte que rien ne sépare le corps de l'homme de la liberté. Moi, je ne combats pas pour la liberté, mais pour Dieu » (p. 152-154).

---

[11] Curieusement, dans la conversation entre le chevalier et M. Lacroix, le français accusait le sénégalais d'être fasciné du néant (cf. p. 90). Dans notre contexte comment ne pas penser à *L'être et le néant* de J.P. Sartre ?

Et ce combat dépasse même la négritude : « Je crois que je préfère Dieu à ma mère » (*ib.*).

Nous voyons deux métaphysiques opposées : celle de l'Occident qui fait de la maîtrise de la nature une fierté athée au service de l'homme, et celle du croyant africain attaché à la nature et à son Créateur, dans l'attente du monde véritable :

> « Lucienne, ce décor, c'est faux ! Derrière il y a mille fois plus beau, mille fois plus vrai ! Mais je ne retrouve plus le chemin de ce monde » (p. 157).

Nous avons encore un autre chapitre pour bien saisir le choc entre l'Occident et l'Afrique. Samba Diallo a été invité par Mr. Pierre Louis, un vieux combattant de la négritude. Sa femme, sa petite fille, ses deux enfants représentent avec lui tout l'éventail d'attitudes possibles dans cette confrontation tragique. Mme. Adèle Pierre-Louis c'est la superficialité ; Hubert, capitaine, c'est l'acceptation admirée d'Occident ; Marc, ingénieur, coïncide avec Samba sur l'attitude africaine en face de l'être ; la petite Adèle c'est l'exil ; Pierre-Louis, avocat, c'est le combat acharné en faveur des noirs, qui comprend la solitude de Samba :

> « Ce n'est pas l'absence matérielle de votre terroir qui vous tient en haleine. C'est son absence spirituelle. L'Occident se passe de vous, l'on vous ignore, vous êtes inutile, et cela, quand vous-même ne pouvez plus vous passer de l'Occident. Alors, vous faites le complexe du Mal Aimé. Vous sentez que votre position est précaire » (p. 163).

Puis on revient aux arguments connus, mais plutôt en clé pratique et politique. L'Occident est victorieux, il domine, il colonise ...

4. L'aventure ambiguë

A ce moment du récit nous pouvons comprendre la gravité de son titre : *L'aventure ambiguë*.

Nous savons en effet que « l'histoire et la vie de Samba Diallo est une histoire sérieuse » et que la vérité du récit est « lourde de tristesse » (p. 62).

Mais lui-même, à la fin de son séjour parisien est capable d'avouer avec précision son état d'esprit :

« Je ne suis pas un pays des Diallobé distinct, face à un Occident distinct, et appréciant d'une tête froide ce que je puis lui prendre et ce qu'il faut que je lui laisse en contrepartie. Je suis devenu les deux. Il n'y a pas une tête lucide entre deux termes d'un choix. Il y a une nature étrange, en détresse de n'être pas deux » (p. 164).

Notre auteur nous dévoile encore l'ambiguïté, peut-être plus radicale encore d'Adèle, la petite fille de Pierre-Louis, « l'exilée des bords de la Seine », à travers cette réflexion de Samba Diallo :

« L'exile d'Adèle, à bien des égards, était plus dramatique même que le sien. Lui, du moins, n'était métis que par sa culture. L'Occident s'était immiscé en lui insidieusement, avec les pensées dont il s'était nourri chaque jour, depuis le premier matin où à L., il avait été à l'école étrangère. La résistance du pays des Diallobé l'avait averti des risques de l'aventure occidentale.
L'exemple toujours vivant de son pays était là, enfin, pour lui prouver, dans ses moments de doute, la réalité d'un univers non occidental. Adèle n'avait pas son pays des Diallobé. Lorsqu'il lui arrivait de percevoir en elle un sentiment ou une pensée qui lui parût trancher d'une certaine façon sur la toile de fond e l'Occident, sa réaction avait été, longtemps, de s'en écarter avec terreur, comme d'une monstruosité. Loin que cette ambiguïté décrût, elle s'accentuait au contraire de sorte que, progressivement, Adèle s'installa dans la conviction qu'elle était anormale de quelque manière. Ce soir, en parlant sans retenue, comme elle l'avait fait, de ce que lui-même n'était pas loin de considérer comme une monstruosité honteuse, Samba Diallo venait, sans le savoir, de donner figure humaine à cette partie d'elle que la jeune fille croyait sans visage » (p. 170).

Voici donc la conscience claire de « l'aventure ambiguë » et chez notre protagoniste et chez Adèle. Il s'agit d'une sorte de « monstruosité » d'esprit, source d'une souffrance difficilement avouée. D'où, finalement, la confrontation spirituelle « Occident-Non-Occident » se situe au niveau de l'affectivité, et nous trouvons un dialogue plein de finesse entre Samba et Adèle, à propos de l'amour et de la haine envers les hommes d'Occident (p. 171 s.), mais, tout de suite, il avoue extérieurement et intérieurement qu'il a perdu le chemin pour pénétrer dans le cœur du monde[12]. Nous sommes au seuil du dénouement tragique de cette « aventure ».

A travers une très belle lettre du chevalier à son fils, nous comprenons que Samba s'est ouvert à son père. Le grand désir de la Grande Royale à propos de Samba Diallo – « Va savoir chez eux comment l'on peut vaincre sans avoir raison » (p. 165) – s'est manifesté un grand échec. Samba est au bord de l'athéisme, autant dire qu'il a perdu la « raison ». La lettre est tranchante. Elle est l'expression de l'orthodoxie coranique en profondeur :

> « Il est grand temps que tu reviennes, pour réapprendre que Dieu n'est commensurable à rien, et surtout pas à l'Histoire, dont les péripéties ne peuvent rien à ses attributs. Je sais que l'Occident, où j'ai eu le tort de te pousser, à là-dessus une foi différente, dont je reconnais l'utilité, mais que nous ne partageons pas. Entre Dieu et l'homme, il n'existe pas la moindre consanguinité, ni je ne sais quelle relation historique[13]... Tu crains que Dieu t'ait abandonné, parce que tu ne le sens plus avec autant e plénitude que dans le passé et, comme il l'a promis à ses fidèles, « plus proche que l'artère carotide ». Ainsi, tu n'es pas loin de considérer qu'il t'a trahi.
> Mais tu n'as pas songé qu'il se puisse que le traître, ce fût toi ... donnes-tu à Dieu toute sa place, dans tes pensées et dans tes actes ? ...
> Je croyais t'avoir suffisamment entretenu des mérites de la pratique religieuse... Ton salut, la présence de Dieu vivant dépend de toi. Tu les obtiendras si tu observes rigoureusement, d'esprit et de corps, la loi, que la religion a codifiée.

---

[12] Nous constatons ici une très émouvante invocation du maître de Samba, en avouant: "Les ténèbres me gagnent. Je ne brûle plus au coeur des êtres et des choses » (p. 174).

[13] L'allusion au christianisme d'Occident nous semble évidente. L'homme est "à l'image de Dieu" et en plus "le Verbe s'est fait chair" (consanguinité – histoire). Le chevalier, au nom de l'Islam, préserve l'absolue transcendance de Dieu.

Mais, précisément, c'est là, quand il ne s'agit pas de philosopher, que les esprits forts trébuchent piteusement et s'ensablent. Et toi qui, d'une pensée vigoureuse, te hausses à la compréhension de Dieu et prétends le prendre en défaut, sais-tu seulement le chemin de la mosquée ? » (p. 175-177).

D'après les derniers chapitres du livre la tragédie est là. Samba, rentré au village, est devenu incapable de prier, du moins de façon rituelle. A travers le fou du village, qui croit voir dans Samba Diallo le maître de Diallobé, nous connaissons justement la mort de Thierno. C'est la mort du mystique qui appelle Dieu son Ami et qui s'en va dans la prière et la vision :

« Tu vois, il est là, mon Ami est là. Je savais bien que c'était la grande clameur de ma vie qui Te cachait, ô mon Créateur. Maintenant que le jour baisse, je te vois ... Tu es là » (p. 180).

Avec un pathétisme intense nous assistons tout de suite à la scène finale au cimetière, le lieu des longues prières de Samba enfant. Le fou s'arrête près du tertre du maître des Diallobé. Il veut bien forcer Samba de prier, mais il se refuse, tout en avouant : « ... je ne crois plus grande chose de ce que tu m'avais appris. Je ne sais pas ce que je crois » (p. 186).

Or, Samba retrouve la proximité de la mort qu'il possédait dans son enfance, bien que de manière tragique. Il prie son maître :

« Ton Ami, Celui qui t'a appelé à Lui, ne s'offre pas. Il se conquiert. Au prix de la douleur. Cela je le comprends encore. C'est peut-être pourquoi tant de gens, ici et ailleurs, ont combattu et sont morts joyeusement... Oui, peut-être qu'au fond c'était cela... En mourant parmi la grande clameur des combats livrés au nom de ton Ami, c'est eux-mêmes que tous ces combattants voulaient chasser d'eux-mêmes, afin de se remplir de Lui. Peut-être, après tout... » (p. 186).

A ce moment l'insistance du fou se fait de plus en plus pressante : « Tu ne peux pas t'en aller ainsi, sans prier,... Tu ne peux pas ! ».
Mais Samba fait un défi suprême :

« Peut-être après tout. Contraindre Dieu... Lui donner le choix, entre son retour dans votre cœur, ou votre mort, au nom de Sa gloire » (...)
« ...Il ne peut pas éluder le choix, si je l'y contrains vraiment, du fond du cœur, avec toute a sincérité... Tu ne saurais m'oublier comme cela. Je n'accepterai pas, seul de nous deux, de pâtir de Ton éloignement. Je n'accepterai pas. Non... »
Le fou était devant lui.
– Promets-moi que tu prieras demain.
– Non ... je n'accepte pas...
Sans y prendre garde, il avait prononcé ces mots à haute voix.
C'est alors que le fou brandit son arme, et soudain tout devient obscur autour de Samba Diallo » (p. 187).

Il s'agit donc encore d'une vérification de l'étrange acte de foi de Samba Diallo. Il a voulu « contraindre Dieu » : le retour ou la mort. Dieu l'a écouté, il n'a pas « éludé le choix », il a choisi la mort.

Nous croyons que cette interprétation, paradoxalement positive, est confirmée par la conclusion du livre. En effet, le chapitre final est constitué par une mystérieuse conversation entre une voix et Samba. Nous croyons qu'il s'agit d'une sorte de pressentiment de la rencontre avec Dieu dans la lumière éternelle, où justement l'ambiguïté a disparu[14].De cette façon le « retour » de Dieu se fait précisément à travers la mort, qui devient la grande réconciliation, la réponse à tout l'élan de la vie, l'instant du salut, la victoire et la limpidité, la saisie éternelle de l'Etre sous le symbole de la mer.

Nous reprenons intégralement ce texte si lourd de signification :

« Tout près une voix parla.
– Ma présence maintenant te trouble.
Délicieux accueil que fait la vallée desséchée au flot revenu, tu réjouis le flot.
– Je t'attendais. J'ai longtemps attendu. Je suis prêt.
– As-tu la paix ?

---

[14] On ne peut s'empêcher de penser à la *regio dissimilitudinis* des *Confessions* de saint Augustin. Du reste, l'auteur ayant mis Socrate, Augustin et Pascal dans le même courant, ne fait que souligner l'élan de l'intériorité humaine vers la contemplation pure de Dieu.

– Je n'ai pas la paix. Je t'ai attendu longtemps.
– Tu sais que je suis l'ombre.
– J'ai choisi. Je t'ai choisi, mon frère, d'ombre de paix. Je t'attendais.
– L'ombre est profonde, mais elle est la paix.
– Je la veux.
– L'apparence et ses reflets brillent et pétillent. Ne regretteras-tu pas l'apparence de ces reflets ?
– Je te veux.
– Dis, ne regretteras-tu rien ?
– Non, je suis las de cette rondeur fermée. Ma pensée toujours me revient, réfléchie par l'apparence, lorsque, pris d'inquiétude, je l'ai comme un tentacule.
– Mais elle te revient. Vers quelque côté que tu tournes, c'est ton propre visage que tu vois, mais rien que lui. Toi seul emplis la rondeur fermée. Tu es roi...
– La maîtrise de l'apparence est apparence.
– Alors viens. Oublie, oublie le reflet. Epands-toi, tu es ouverture. Vois comme l'apparence craque et cède, vois !
– Plus loin, plus loin encore !
– Lumière et bruit, forme et lumière, tout ce qui s'oppose et agresse, soleils aveuglants de l'exil, vous êtes rêves oubliés.
– Où es-tu ? Je ne te vois plus. Il n'y a plus cette turgescence qui sonde en moi, comme fait l'eau nouvelle dans le fleuve en crue.
– Sois attentif. Voici que s'opère la grande réconciliation. La lumière brasse l'ombre, l'amour dissout la haine...
– Où es-tu ? Je n'entends rien, que cet écho en moi qui parle quand tu n'as pas fini de parler.
– Sois attentif, car voici que tu renais à l'être. Il n'y a plus de lumière, il n'y a plus de poids, l'ombre n'est plus. Sens comme il n'existe pas d'antagonismes...
– Plus loin, plus loin encore...
– Sens comme ta pensée plus ne te revient comme un oiseau blessé, mais infiniment se déploie, à peine l'as-tu osée !
– Sagesse, je te pressens ! Lumière singulière des profondeurs, tu ne contournes pas, tu pénètres.
– Sois attentif, car voici la vérité : Tu n'es pas ce rien qu'enferment les sens[15].

---

[15] Réponse à la tentation nihiliste que Samba avait sentie à Paris (f. P. 140 s.). La Vérité est donc eschatologique.

Tu es l'infini qu'à peine arrête ce qu'enferment tes sens. Non, tu n'es pas cette inquiétude close qui rie parmi l'exil.
- Je suis deux voix simultanées. L'une s'éloigne et l'autre croît. Je suis seul. Le fleuve monte ! Je déborde... où es-tu ? Qui es-tu ?
- Tu entres où n'est pas l'ambiguïté. Sois enfant, car te voilà arrivé... Te voilà arrivé !
- Salut ! Goût retrouvé du lait maternel, moi frère demeuré au pays de l'ombre et de la paix, je te reconnais. Annonciateur de fin d'exil, je te salue.
- Je te ramène ta royauté. Voici l'instant, sur lequel tu régnas...
- L'instant est le lit du fleuve de ma pensée. Les pulsations des instants ont le rythme des pulsations de la pensée ; le souffle de la pensée se coule dans la sabarcane de l'instant. Dans la mer du temps, l'instant porte l'image du profil de l'homme, comme le reflet du kaïtcédrat sur la surface brillante de la lagune. Dans la forteresse de l'instant, l'homme, en vérité, est roi, car sa pensée est toute puissante, quand elle est. Où elle a passé, le pur azur cristallise en formes. Vie de l'instant, vie sans âge de l'instant qui dure, dans l'envolée de ton élan, indéfiniment l'homme se crée. Au cœur de l'instant, voici que l'homme est immortel, car l'instant est infini, quand il est. La pureté de l'instant est faite de l'absence du temps. Vie de l'instant qui règne, dans l'arène lumineuse de ta durée, infiniment l'homme se déploie. La mer ! Voici la mer ! Salut à toi, sagesse retrouvée, ma victoire ! La limpidité de ton flot est attente de mon regard. Je te regarde, et tu durcis dans l'Etre, Je n'ai pas de limite. Mer, la limpidité de ton flot est attente de mon regard. Je te regarde, et tu reluis, sans limites. Je te veux, pour l'éternité » (p. 188-191)[16].

Notons l'allusion finale à l'ambiguïté et à son dépassement eschatologique. Samba avoue : « Je suis deux voix simultanées ... » La voix répond : « Tu entres où n'est pas l'ambiguïté ».

Or, il ne s'agit plus de l'ambiguïté culturelle – Occident-Non-Occident – mais de l'ambiguïté humaine tout court – corps-âme, temps-éternité -.

A noter que ce dépassement qui se fait chez le maître en des termes religieux – l'Ami -, se fait ici en des termes philosophiques, vaguement personnels – « mon frère » - mais finalement cosmiques : la mer, l'Etre.

---

[16] La mort est donc la fin de l'ambiguïté, comme souvent chez Tagore (cf. *Le roi du salon obscur*).

5. Conclusion

Il ne faut pas insister sur la valeur du récit. Du point de vue de la forme et du point de vue du contenu, il s'agit d'un véritable chef-d'œuvre. Mais quelle serait donc l'essence de cette « aventure ambiguë » ?

Il nous semble qu'à travers une très délicate description du choc entre l'âme élevée dans la plus pure ascétique coranique et la philosophie occidentale post-cartésienne, l'auteur ait bien voulu nous faire saisir la radicale condition ambiguë de l'humanité sans plus, tout en ouvrant un chemin et à la réconciliation provisoire sur terre, et à la réconciliation eschatologique.

La réconciliation sur terre, qui prépare la réconciliation définitive, est à chercher dans l'apport de l'humanisme non occidental, bien qu'il faille l'éprouver au creuset de l'école étrangère, parce qu'une humanité nouvelle est en train de naître.

Tel est, peut-être, les sens profond de l'aventure de Samba Diallo, à travers certains paragraphes du récit, surtout dans la pensée du chevalier :

> « En vérité, ce n'est pas d'un regain d'accélération que le monde a besoin : en ce midi de sa recherche, c'est un lit qu'il lui faut, un lit sur lequel, s'allongeant, son âme décidera une trêve. Au nom de son salut ! Est-il de civilisation hors de l'équilibre de l'homme et sa disponibilité ? L'homme civilisé, n'est-ce pas l'homme disponible ? Disponible pour aimer son semblable, pour aimer Dieu surtout… La civilisation est une architecture de réponses. Sa perfection, comme celle de toute demeure, se mesure au confort que l'homme y éprouve, à l'appoint de liberté qu'elle lui procure…Le bonheur n'est pas fonction de la masse des réponses, mais de leur répartition. Il faut équilibrer… Mais l'Occident est possédé et le monde s'occidentalise. Loin que les hommes résistent, le temps qu'il faut, à la folie de l'Occident, loin qu'ils se dérobent au délire d'occidentalisation, le temps qu'il faut, pour trier et choisir, assimiler ou rejeter, on les voit au contraire, sous toutes les latitudes, trembler de convoitise, puis se métamorphoser en l'espace d'une génération, sous l'action de ce nouveau mal des ardents que l'Occident répand » (p. 80-81).

Or, le chevalier accepte l'enjeu de cette humanité nouvelle et tout le sens de la permission pour que son aille à l'école étrangère est là :

« Monsieur Lacroix, cet avenir, je l'accepte. Mon fils en est le gage. Il contribuera à le bâtir. Je veux qu'il y contribue, non plus en étranger, venu des lointaines, mais en artisan responsable des destinées de la cité... La cité future, grâce à mon fils, ouvrira ses baies sur l'abîme, d'où viendront des grandes bouffées d'ombre sur nos corps desséchés, sur nos fronts altérés. Je souhaite cette ouverture, de toute mon âme. Dans la cité naissante, telle doit être notre œuvre, à nous tous, Hindous, Chinois, Sud-américains, Nègres, Arabes ; nous tous, dégingandés et lamentables, nous les sous-développés, qui nous sentons gauches en un monde de parfait ajustement mécanique » (p. 92-93).

Plus tard, Samba Diallo lui-même, s'exprimera ainsi dans le dialogue chez Pierre-Louis : « Si nous n'éveillons pas l'Occident à la différence qui nous sépare de la chose, nous ne vaudrons plus qu'elle, et ne la maîtriserons jamais ». Et notre échec serait la fin du « dernier humain de cette terre » (p. 167).

La réconciliation eschatologique est insinuée dans la scène finale, qui cherche à donner l'espérance du dépassement de la profonde ambiguïté humaine. Tout en magnifiant la grandeur de l'esprit humain, la solution adoptée par notre auteur présente pourtant un fondement incertain après un dénouement terrestre tragique.

Faisons encore une remarque en comparant « l'aventure ambiguë » et la foi chrétienne.

D'après la confession de Cheikh Hamidou Kane, le projet africain et le projet occidental, de Socrate à Pascal, était au fond le même. Il s'agit de l'élan de l'esprit pour se connaître et se projeter dans le futur définitif de Dieu. L'Occident, après Descartes, surtout avec Marx et Sartre, s'écarté radicalement de cette vue, et le danger est apocalyptique.

Y aurait-il donc une simple coïncidence entre la visée africaine-coranique et la visée chrétienne ?

En partie, oui, et la mentalité de M. Lacroix dans le récit s'avère non chrétienne, et par conséquent radicalement anti-islamique - pas de « fin du monde » -, tandis que chrétiens et musulmans ont une perspective eschatologique, une vision du jugement dernier de Dieu. Mais en partie non, Le chevalier est conscient de la différence et il reste respectueusement mais fermement à l'écart du christianisme (cf. p. 175 s.). Mais il précise ses positions : pas de « consanguinité », pas de « relation historique » entre l'homme et Dieu.

Acceptons par contre l'hypothèse chrétienne : l'homme à l'image de Dieu, mystérieusement Trinité, et Incarnation historique du Fils afin de constituer par l'Esprit Saint le Corps des rachetés, dans la Jérusalem du ciel.

D'un coup, le sens de la Révélation de la Parole est devenue Révélation d'un Mystère caché depuis les siècles, et la personnalisation du Message a bouleversé le destinataire qui se trouve appelé à dépasser des limites radicales de créature pécheresse.

Quelle est donc « l'ambiguïté » chrétienne et son dépassement terrestre ou eschatologique ?

L'ambiguïté, ou mieux le paradoxe chrétien, est décrite à la perfection par saint Paul, et dans son aspect historique – Juifs – Gentils - et dans l'aspect anthropologique – esprit – chair -. L'histoire humaine, tel que la Parole biblique nous l'apprend, est tiraillée entre Israël et la Gentilité. Le cœur humain, tel que la Parole biblique nous le découvre, est tiraillé entre l'Esprit et la chair, à cause du péché. Dans les deux cas, le Christ est la *réconciliation* dans sa chair et pour l'éternité, grâce à sa mort et à sa Résurrection, et le ciel chrétien est le « face à face » de la Trinité et l'homme dans la Communion des Saints. La Foi au Christ, ne serait donc pas la possibilité de réconciliation gratuite d'Occident et Non Occident, dans une aventure qui débouche dans la clarté non ambiguë de la vision ?

6. Appendice

L'aventure ambiguë a été publiée en 1961. En quelque sorte le milieu décrit est encore typiquement colonial. Quoi dire ? Cinquante ans plus tard, conserve-t-elle son actualité ?

De façon très succincte, nous dirions que l'échec progressif de l'Occident « moderne », amène l'humanité à une confrontation historique de plus en plus religieuse. D'où, il nous semble que les magnifiques intuitions du récit gardent une actualité précieuse. Le matérialisme de l'Ouest semblerait triomphant face au matérialisme de l'Est – marxisme soviétique -, mais il est blessé de la même blessure : la servitude de la chose. L'humanisme non occidental et le vieil humanisme classique doivent donc s'unir dans un grand effort pour la naissance d'un monde nouveau, technique mais humain, et par conséquent ouvert à l'eschatologie. Or, le dialogue Islamo – Chrétien sera une des pièces fondamentales de cette nouvelle étape, et ici encore l'exactitude et la délicatesse de Cheikh Hamidou Kane nous semblent prophétiques, bien que la conclusion du livre reste dans une ambiguïté voulue.

Il est donc profondément vrai que l'homme est plongé dans une « aventure ambiguë » et du point de vue historique et du point de vue ontologique, et que le grand enjeu de l'humanité est justement le dépassement de cette ambiguïté.

A l'horizon du pur progrès historique s'opposent les visions eschatologiques de la philosophie métaphysique et des religions monothéistes - Judaïsme, Christianisme, Islam - . La raison et la foi sont donc appelées à nous aider dans le défi apocalyptique qu'est le tournant actuel de « l'aventure ambiguë » de l'humanité[17].

---

[17] N.B. Cette lecture de *L'aventure ambiguë* a été rédigée avant les événements du onze septembre 2002.

Le pauvre Christ de Bomba[1]

Mongo Beti

1. Présentation

Le pauvre Christ de Bomba, est le deuxième roman de Mongo Beti. En effet, sous le nom d'Eza Boto, Alexandre Biyidi Awala avait déjà publié *Ville cruelle* en 1954. Après cette description brillante de sa ville natale – Mbalmayo- à l'époque coloniale, il entreprend de faire un grand roman sur les missions, synthèse passionnée de ses expériences enfantines d'Eglise et des sources philosophiques et littéraires occidentales, surtout françaises, assimilées dans les premières années de séjour dans la métropole. Mongo Beti tout jeune, il n'a que 24 ans, donne déjà la mesure de sa maîtrise de la langue et des données essentielles d'une pensée révolutionnaire, emprise de la liberté d'Afrique. Nous sommes en 1956. Le continent bouge. La guerre froide est à son apogée. Il faudra encore attendre quatre pour les indépendances.

Or, pour ce qui est du Cameroun, patrie de Mongo Beti, et lieu où se situe notre narration l'évangélisation initiale protestante date de 1841. Les premiers missionnaires catholiques, les Pallottins allemands, sont arrivés en 1890. Après la défaite de la première Guerre, la France occupe le territoire, avec l'Angleterre, et les Pères Spiritains français remplacent les Allemands. Notre roman commence le dimanche 1ᵉ février 193… il s'agit

---

[1] Présence africaine, Paris, 1993 (réédition), 351 pp.

donc d'une narration fictive de l'époque française et dans la région centrale du pays, la patrie des Beti entièrement évangélisée par les catholiques.

Le roman n'est que la transcription des souvenirs de **Denis**, un boy – enfant de chœur de la mission de Bomba. Il a 15 ans. Il s'exprime remarquablement bien en français. Il se montre en principe très bon croyant, dévoué, convaincu et enthousiaste de la foi et de la mission et surtout **du R.P.S (Révérend Père Supérieur)**.

En effet, le protagoniste du roman est **le P. Drumont** appelé normalement Révérend Père Supérieur (R.P.S.). Français, de Provence, caractère fort et entreprenant, depuis 20ans il travaille en Afrique et plus concrètement à Bomba, qui est sa véritable création. Il a réussi à bâtir l'église, les écoles, la « sixa » - foyer-internat pour les filles qui se préparent au mariage -. Il a formé des équipes de catéchistes et de moniteurs. On pourrait dire, malgré les difficultés, que par son énergie et dévouement, il est un modèle de missionnaire.

Zacharie est le cuisinier du Père Drumont. Personnage ambigu, dont les véritables motivations et droiture de sa vie apparaîtront de plus en plus suspectes. Son attachement au R.P.S. est nettement intéressé. Sa fin montrera la faiblesse de sa foi et de sa morale. **Raphaël**, catéchiste responsable de la « sixa » n'est qu'un complice de Zacharie.

M. Vidal le jeune employé colonial, homme culte, plein de bonnes intentions, qui admirent profondément la personne et l'œuvre du R.P.S., est un autre personnage clé du roman. Les dialogues entre les missionnaires et cet honnête fonctionnaire des colonies constituent les moments culminants du débat idéologique du *pauvre Christ de Bomba*.

Parmi les femmes, on remarque la présence troublante de **Catherine** véritable symbole de l'attrait sensuel, qui contribue à mettre en évidence l'échec de l'effort missionnaire. **Clémentine** l'épouse de Zacharie, en fait le pendant de façon orageuse ; les autres femmes restent dans l'anonymat.

Le **P. Le Guen vicaire**, plein de l'idéalisme de nouveau arrivée, joue un rôle secondaire. Il n'aura pas la taille du R.P.S. il disparaîtra avec lui.

Pour créer son histoire, Mongo Beti a choisi un prétexte typiquement missionnaire : une tournée chez les Tala, tribu difficile, qui habite la brousse et dont les résistances à l'évangile prêché par le P. Dumont ont provoqué une punition de sa part. En effet, depuis trois ans ils n'ont pas reçu la visite du père, afin qu'ils puissent vraiment se repentir. Dans le récit, chaque séjour dans un village constitue un épisode et l'ensemble de la tourné opère un virement total dans la pensée de l'esprit du vieux missionnaire. La tournée est aussi l'occasion d'un changement radical dans l'âme de Denis, l'adolescent témoin de l'histoire. En effet, le récit est très attentif à cette transformation et l'auteur réussit très bien à rendre compte de l'évolution du P. Drumont, à travers les observations continues que son fidèle enfant de chœur enregistre, au milieu d'un profond désarroi.

Les descriptions se fond normalement à posteriori, de sorte que Denis nous rapporte fidèlement les évènements de l'étape antérieure.

Soulignons aussi la richesse du vocabulaire pour exprimer les différents paysages de la forêt et les états d'esprit des personnages, la vivacité des dialogues, le réalisme des descriptions, les abondantes connaissances de la liturgie catholique et surtout des divers détails des réactions indigènes, le réalisme des descriptions, les abondantes réactions indigènes, qui fournissent des occasions pour illustrer le véritable choc des cultures et mœurs provoqué par l'action du R.P.S. dans la zone.

On dirait que l'auteur, qui réside en France à l'époque, pense surtout aux lecteurs français et occidentaux, plutôt qu'aux compatriotes. Du reste, le roman se fait l'écho d'une certaine mentalité européenne de gauche, qui depuis des années voyait dans les missions une manière idéologique de préparer, accompagner et consolider l'entreprise coloniale en Afrique[2].

Rappelons aussi que l'année après la première édition du roman, le pape Pie XII, dans son encyclique *Fidei donum*, consacré à l'Afrique, mettait en garde l'Eglise à propos du marxisme à la veille des indépendances (1957). Le Cameroun bouillonne, et nous sommes en train d'assister à la période la plus turbulente de l'histoire contemporaine du pays, autour de l'U.P.C. (Union des Peuples du Cameroun), d'inspiration marxiste.

---

[2] Voici un échantillon. A l'occasion de l'ordination sacerdotale de Joseph Faye, spiritain sénégalais, à Paris, en 1931, un journal communiste imprimé à Hambourg en anglais, publia un virulent article sous le titre : « A friend of the imperialists. An ennemy of the People ».

Par la suite, nous nous proposons d'analyser l'évolution de la foi de Denis dans son adolescence et le changement du P. Drumont, au cours de ce voyage apostolique chez les Tala.

2. L'Adolescence d'un chrétien Africain

L'évolution spirituelle globale de ce fils de catéchiste, enfant de la mission de la première heure, nous semble un fil à suivre dans le récit, et constitue sans doute un élément essentiel du message du roman.

Denis nous apparaît comme un enfant chrétien convaincu et pratiquant d'une foi forte et dure, très moralisante et ritualiste, selon l'exemple du P. Drumont. En effet, notre servant de messe ne cache pas sa profonde admiration pour le R.P.S., qui depuis la première page est assimilée à Jésus lui-même.

Or, Denis décrit très bien la personnalité du missionnaire, terrible et violent, dont les sermons sont foudroyants et l'autorité incontestable (pp. 12-14). Sa foi donc s'accroche à cet homme et aux principes d'une religion dont il connaît très bien les rites, la messe surtout, les règles et les commandements.

2.1 L'évolution morale

Pour une fois, et surtout pour la morale de Denis, la tournée chez le Tala supposera un véritable effondrement.

Mongo Beti nous fait assister, avec l'habilité du narrateur malicieux, à la découverte, progressive mais brutale, du monde sexuel de la part de l'enfant de chœur.

En effet, notre adolescent observe et entend les étranges agissements nocturnes du cuisinier, Zacharie, déjà marié à l'église, et de Catherine, la belle fille de la sixa, donc déjà fiancée à un prétendant précis, qui mystérieusement, les accompagne. A la moitié du roman, Mongo Beti s'attarde sur la première expérience sexuelle de Denis, proposée par Catherine, en absence de Zacharie, et sur les suites de ces moments terribles et attrayants, dans la conscience du jeune. Son péché l'empêche de communier et il est très fâché à cause de cette situation incorrecte. Il hésite longuement à l'avouer, rêvant de se confesser avec le p. Vicaire en retour à Bomba. Voici un paragraphe intéressant à ce propos dont nous soulignons la finesse psychologique de l'écrivain :

> « J'ai tellement peur d'avouer ça au R.P.S. moi qui avait été si pur jusqu'ici... Le R.P.S. me pardonnerait tous les crimes sauf d'avoir fait ça. Je sais qu'il ne pourrait pas supporter l'idée que je me suis comporté comme un petit cochon avec cette femme dont je ne sais même pas d'où elle vient.
> Avant-hier encore, je ne m'en faisais pas : j'avais la paix. Oh ! Mon Dieu, pourquoi faut – il que je me confesse ? Est-ce nécessaire ? Tu sais bien que je m'y étais pour rien...ah ! Si quand même ... un peu, puisque je me suis laissé faire. Mon Dieu, pourquoi faut – il que je me confesse, que je dise ça au R.P.S. ? Mon Dieu, pourquoi a tu inventé la confession ? Toi qui pourtant vois tout, prévois tout ? Daigne me pardonner mon Dieu, même si je ne me confesse pas... Mais non, rien à faire ! Je sens qu'il faudra à tout prix que je me confesse et bientôt, sinon le R.P.S. se douterait de quelque chose. Et il nous reste encore... voyons... mardi, mercredi, jeudi, vendredi, samedi, dimanche...six jours de tournée ! Six messes qu'il faudra servir sans communier ! Vraiment ce n'est pas possible, le R.P.S. se douterait de quelque chose. Mon Dieu ! Suis-je heureux !... encore si c'était Jean-Martin le nouveau vicaire,... sûr que je lui dirais tout, à celui là et sans hésiter. Il ne se scandaliserait pas, lui ... mais avec le R.PS. !... moi qu'il appelait son petit ange, je suis plutôt un petit Belzébuth. Que faire ? ... Voilà : je vais me lever, aller trouver le R.P.S. et lui avouer tout, de A à Z ! Oui, c'est ce que je vais faire... Oh non ! , je n'ai pas le courage » (p. 152 – 153).

Une expérience d'alcool - vin de palme – (pp. 154-155), vient compliquer encore la situation du malheureux adolescent (voir aussi pp. 175-176, 179, 180 ; 183).

Mais à l'invitation du père, une nuit, dans sa chambre, Denis s'est finalement confessé. La description est à nouveau remarquable et très détaillée. En voici quelques extraits :

> « Je me suis confessé ! ... Enfin, je me suis confessé ! Comme je suis bien ! Je suis tellement heureux. J'éprouve la même sensation après mon bain

chaud : toute la crasse qui le recouvrait a fondu et coulé sur le sol ; débarrassé de ce vêtement incommode, voilà mon corps, plus libre dans mes mouvements, plus léger ! Mon Dieu, que c'est doux » (p. 219).

Le p. Drumont est allé le chercher. Denis éprouve la tentation de la fuite, en prévoyant la confession, mais, il obéit. Une fois dans la chambre du prêtre, il éclate en sanglots :

« Le R.P.S. m'a dit :
Tiens, si je te comprends, tu t'es mal conduit et tu as peur de te confesser, n'est-ce pas ?
J'ai fait le signe de tête que oui. Le R.P.S. m'a soulevé de ma chaise et m'a mis sur ses genoux en soupirant, et il dit :
Bientôt je ne pourrais plus te prendre sur mes genoux : tu deviens trop grand. Alors, raconte-moi ça et ne pleures plus. Tu sais, je suis comme le Christ qui n'avait qu'un rôle : pardonner. Je pardonne toujours : telle est la devise de Notre Seigneur. Pourquoi pleures-tu ? Confesse-toi et je te pardonnerai. Raconte-moi ça, mon petit, et cesse de pleurer » (P. 223).
« Je me suis surpris à lui avouer tout par le détail, sans peine, sans hésiter : seul le début avait été difficile... quand je suis arrivée à la fin, je me suis tu. Puis j'ai regardé le R.P.S. il n'était pas du tout en colère ; simplement, il tirait sa barbe que est à nouveau longue. Il m'a parlé longuement, d'une voix très douce, très paternelle. Moi qui m'imaginais qu'il ferait une crise effroyable, qu'il me chasserait et peut-être me maudirait, comme je me trompais ! Il est très bon pour moi. Il m'a dit de toujours éviter les femmes, de veiller à ce qu'elles ne m'approchent jamais... » (p. 224-225).

Même si l'éducation sexuelle de Denis reste incomplète, on remarquera l'intuition psychologique du père et son sens pastoral. Du reste, la confession apparaît comme une libération du cœur de l'adolescent, même si l'aspect proprement religieux du sacrement est passé sous silence.

Pour Denis, la tournée a joué donc le rôle des anciennes « initiations africaines ». La véritable intégration des aspects humains de l'amour reste à faire. Il y a comme une mise en garde. Denis, jusqu'à la fin du roman, continuera à rêver de Catherine (p. 348).

Cet aspect du roman nous fait songer à la transformation profonde qui s'opère dans le monde des villages africains où l'Evangile du Christ et ses sacrements prennent corps et instaurent d'autres expériences profondes de vie et de mœurs[3]

2.2 L'évolution religieuse

Que dire de l'évolution de la mentalité religieuse de Denis ?

La vision religieuse globale de notre adolescent est assez pauvre. Le christianisme est vécu par lui comme un ensemble de rites et de prescriptions. La personne et les paroles de Jésus sont absentes, sauf quelques allusions au « bon Pasteur » et quelques phrases bibliques. La dévotion mariale, curieusement, est aussi absente.

Or, Denis manifeste une grande foi dans la puissance spirituelle du R.P.S. qui est capable, par exemple, de « convertir », d'une manière presque brutale, le sorcier Sanga Boto, « suppôt de Satan » (p.133). Il pense aussi que Dieu fait peur, comme le diable (p.18). Mais tout au long du récit Denis est bombardé par les idées de Zacharie et par l'évolution de P. Drumont rendue évidente par ses conversations avec M. Vidal.

D'un côté Zacharie, dont la conduite en morale sexuelle et économique n'a rien de chrétien, ne cache pas sa vision du christianisme et de l'action du missionnaire comme une question de pouvoir au service de l'argent. Il le voit comme « un homme d'affaires »(p.29). Dans un passage important, Zacharie exprime sa pensée sur la mission du R.P.S. :

> « Notre mission est très riche, je suis sincèrement heureux de travailler dans une mission si importante... Avec les seuls chrétiens de la route et les ressources de leur denier de culte, le R.P.S. pourrait agrandir sa mission tant qu'il voudrait : construire une nouvelle école en briques ; acheter un orgue, des camions, un tracteur, une machine à extraire l'huile d'arachide, etc.... » (p. 164).

---

[3] Les enfants européens des années 50 pourraient raconter des histoires semblables à propos de la confession de leurs premiers péchés sexuels. Nous pensons qu'aujourd'hui, en Occident, la situation est très différente à ce propos. On oserait dire de même en Afrique.

Or, dans un moment de sincérité émouvante, le p. Drumont, à la moitié de sa tournée, fait un bilan sombre des son action missionnaire, justement avec Zacharie et en présence de Denis et du catéchiste d'Akamba :

« Le R.P.S. a commencé à dire :
-Oh ! Là là…
Un temps. Puis :
j'aurai travaillé près de vingt ans dans ce pays !...
Un temps. Puis :
Et en pure perte, croyez-vous !...
Un temps. Puis :
Il y a des tas de choses que j'aurais dû voir plus tôt si je m'étais seulement donné la peine de regarder…
Un temps. Puis :
Mon Dieu ! ce que c'est que l'inconscience…
Il n'était pas en colère. Son visage était à peine empreint de tristesse. Comme il faisait pitié ! Comme il à peine à voir ! Je supportais difficilement de voir parler ainsi tout seul. Zacharie aussi… » (p. 186-187).

Denis souffre à l'idée d'un prochain départ du père et sa peine est sincère. Zacharie aussi, mais il est totalement hypocrite. Il avoue son attachement à la foi, son rejet de la polygamie, sa pénurie d'argent (p.191), quand en réalité c'est tout le contraire. Denis, qui suit attentivement les signes externes de la crise du p. Drumont, fait aussi un bilan personnel à son arrivé à Bomba.

« Mais, que m'est-il arrivé ? On dirait que je ne suis plus le même. On dirait qu'un étranger a pénétré en moi, qu'il se substitue peu à peu à moi-même…
Au point que je suis obligé de faire effort pour me reconnaître.
Les premiers jours de cette tournée de labeur, il me semblait vivre un cauchemar. En ce moment, ce n'est plus la tournée qui me fait l'impression d'un cauchemar, mais plutôt toute la partie antérieure à cette tournée, qui perd consistance, s'évapore en nuée de rêve, comme au sortir d'un sommeil… Exactement comme si je me réveillais d'un long sommeil, sans trop savoir à quoi j'emploierais ma nouvelle journée. Mon Dieu ! Comme tout est bizarre » (p.239).

A la fin du roman, après que le p. Drumont a annoncé solennellement son départ dans un sermon mémorable (p. 339 s.), Denis est accompagné par lui à son village, les adieux sont émouvants, mais les dernières phrases du livre s'accordent à cette confession du jeune que nous venons de transcrire :

> « Mon père dit que c'est dangereux pour moi de rester à Sogolo[4]. Je pense à ce que me confiait un soir le cuisinier adjoint Anatole ! Aller à la ville et chercher une petite place de boy chez un commerçant grec... » (p. 349).

Que reste – t- il de la foi et de la pratique de notre enfant de chœur ?

En passant de la fiction à l'histoire, ne faut-il pas avouer qu'assez souvent des employés d'église et des anciens servants de Messe ont connu des itinéraires semblables ? Ne serait – on tenté de penser que leur formation chrétienne a été trop faible ou même presque inexistante ? Nous nous proposons d'aborder ce thème à la fin de notre étude.

3. Les ambigüités de la mission

Nous entrons maintenant dans le cœur de notre analyse. Il s'agit bien de préciser les différents aspects de la crise du R.P.S. provoquée, selon Mongo Beti, par la constatation de l'échec de ses méthodes missionnaires, apparemment si efficaces. Mais au fond, dans ses interrogations s'insinue peut-être le questionnement de la mission chrétienne elle-même.

3.1 L'aspect économique

Tout lecteur de *Le pauvre Christ de Bomba* est frappé du fait que le prêtre exige partout le « denier du culte ». Il s'agit d'une habitude devenue traditionnelle, instaurée déjà à l'époque allemande. Les missionnaires ont voulu que les frais de fonctionnement des missions soient soutenus par les fidèles

---

[4] A cause de travaux forcés prévisibles.

eux-mêmes, en argent ou en espèce. La chose n'était pas si étrange aux cultures locales, mais chez les missionnaires blancs, réputés toujours riches, pourrait étonner, puisque, effectivement, les missions ont toujours bénéficié de nombreuses aides extérieures.

En tout cas, dans notre roman il y a des pages significatives à cet égard. Le R.P.S. se montre d'une rigidité inhumaine sur ce point. Un jeune homme qui a payé 7.000 francs pour la dot, doit encore se mettre en règle pour avoir droit au mariage canonique :

> « …ton sacrement il coûte trop cher pour moi. Oh ! je me suis bien renseigné… Tous les arriérés du denier du culte à payer, les miens et deux de ma femme, et au prix de l'année en cours, non vraiment, je n'ai pas assez d'argent. D'autre part, ma femme a séjourné plus de quatre mois dans ta sixa pendant ce temps, elle a travaillé gratis pour toi. Fada, je crois que nous pouvons nous entendre ; tu l'emploies depuis quatre mois déjà, rends-la moi et nous serons quittes.
> J'ai vue le R.P.S. se lever lentement, contourner la table, marcher sur le jeune insolent et lui flanquer deux paires de baffes bien sonores : il les avait bien volées, celui-là. Cette arrogance !... Il avait appliqué ses deux mains à ses joues ; avec quelle haine, quelle rage contenue il considérait le R.P.S. !
> Sors d'ici ! Va-t'en, criait le R.P.S. Allez ouste ! » (p. 44).

Le cas suivant est beaucoup plus pénible. Une pauvre femme aurait bien voulu recevoir les sacrements à Pâques. Elle en a été exclue à cause de ses dettes :

> « Tu n'as plus un seul parent ? Lui a demandé le R.P.S.
> Si, si, Père ! Seulement, ils ne veulent plus payer pour moi, voilà ! Ils disent qu'ils ont assez comme ça. Tu comprends, ils ne sont pas chrétiens, eux ; ils se moquent de ces choses-là. Je voudrais tant pouvoir me confesser et communier…Ne pourrais-tu me dispenser de payer, Père ? Vois mon dénouement et ma misère…
> Et, tout à coup, elle a éclatée en sanglots et les larmes lui ont coulé sur les joues. Je croyais que le R.P.S. finirait par l'exonérer, mais il ne l'a pas fait. Il a simplement recommandé à la vieille femme de harceler ses parents jusqu'à ce qu'ils lui payent le denier de culte. Il a dit qu'il ne pouvait pas se permettre d'exonérer

qui que ce soit, car alors un tas de gens viendrait jouer la comédie... »
Le R.P.S. a absolument raison » (p. 45-46).

Notez le réalisme des descriptions ainsi que l'approbation de l'enfant de chœur.
Tout au long du roman cet aspect économique réapparaît. L'auteur parle toujours des cadeaux en espèce que font les villageois (cf. p. 82), mais aussi des protestations des catéchistes qui demandent augmentation (p. 84), des renvois de confesse que font les catéchistes à tous ceux qui n'ont pas payé le denier du culte (p. 162-163)...
Cet intérêt du missionnaire pour l'argent est à l'origine d'une réponse éclairante du catéchiste de Timbo à la question du R.P.S. :

« Que pensent les gens en général, que disent-ils de la religion ?...
Mon Père, ils disent qu'un prêtre, ce n'et pas meilleur qu'un marchand grec ou tout autre colon. Ils disent que ce qui vous préoccupe tous, c'est l'argent, un point ce tout... » (p. 38-39).

Zacharie, le cuisinier du R.P.S., a une réaction semblable et plus brutale face à Denis, l'enfant de chœur scandalisé des « iniquités » des Tala, les riches cultivateurs de brousse qu'on est en train de visiter :

« Eh bien, quoi ! C'est normal, non ? Qu'est-ce que tu veux que ça leur foute, vos histoires de confesse, de communion, et de... je ne sais plus quoi, hein ? Je te le demande, qu'est-ce que tu veux bien que cela leur foute ? Ils sont occupés d'autre chose, mon petit père. L'argent, l'argent. Ça c'est le grand problème d la vie, mon pote ! Mais ouvre donc les yeux et regarde autour de toi. Oh ! C'est vrai que tu es trop jeune. Mais, toi qui aimes tant le religion, peut-être tu seras prêtre un jour, alors, tu comprendras ce que c'est l'argent. Tu comprendras que nous courons tous après l'argent, les prêtres autant et peut-être plus que les autres... » (p. 36).

La suite du roman montre bien jusqu'à quel point Zacharie « courait » après l'argent de la mission et profitait personnellement de sa position privilégiée.

Or, il faut dire que le missionnaire n'apparaît pas porté par un souci d'enrichissement personnel. C'est plutôt le désir d'enraciner la mission et de la rendre autosuffisante, avec toutes les installations et services prévus qui le porte.

Enfin, la considération de cet aspect mène parfois à des réflexions plus profondes, bien que non moins déconcertantes. Le R.P.S. pose encore cette question au catéchiste de Timbo :

> « - A ton avis, pourquoi les gens se détournent-ils ainsi de la religion ? A ton avis, pourquoi y étaient-ils venus en masse au début ?

Le catéchiste a répondu :

> Mon Père, autrefois nous étions pauvres, or, le Royaume des cieux n'appartient-il pas aux pauvres ? Rien d'étonnant si, alors, les nôtres, se sont convertis à la religion de Dieu. Mais, aujourd'hui, penses-y toi-même, Père, ils viennent d'acquérir des quantités incroyables d'argent en vendant leur cacao aux Grecs, ils sont riches. Or, n'est-il pas plus facile au dromadaire de passer à travers le trou d'une aiguille qu'à un riche d'aller au ciel ? » (p. 53-54).

Zacharie prend rapidement le dessus avec une interprétation matérialiste, que nous analyserons plus tard. Mais ce dernier paragraphe formule un problème qui apparaît tout au long du roman : la foi et le remède aux malheurs. S'il y a le bonheur matériel, elle est inutile. Nous verrons que l'argument est associé à celui de l'oppression coloniale. Retenons pour l'instant la vision extrêmement critique des finances de la mission que notre auteur présente[5].

---

[5] On peut y déceler facilement une position d'inspiration marxiste, ce qui n'empêche pas d'éveiller une saine auto révision du fonctionnement économique ecclésiastique, spécialement aux missions. (Voir : PIROTTE J., (dir.), *Les conditions matérielles de la mission,* Paris, Karthala, 2005).

3.2 L'aspect culturel

Nous aimerions maintenant montrer les réactions du missionnaire face à quelques aspects de la culture africaine, dans ce roman de Mongo Beti. Commençons par un épisode arrivé pendant la visite à Evindi. Il s'agit d'une fête païenne qui tombe un premier vendredi de mois, jour consacré au Sacré-Cœur de Jésus. Mongo Beti nous en donne une description à distance, riche de tous les détails du connaisseur : Zacharie sifflote l'air et le petit Denis imagine avec précision le spectacle excitant (p. 86). Le R.P.S. demande au catéchiste local, Matthieu, d'aller demander d'arrêter la danse. C'est infructueux. Alors il décide d'y aller personnellement. Parvenu à la place du village, sa présence paralyse la fête.

> « Le R.P.S. n'a pas hésité ; il s'est précipité sur les xylophones rangés un peu à l'écart ; il les a mis en miettes. Ensuite, il s'en est pris aux tam-tams ; mais ils sont plus difficiles à briser... Il n'avait pas réussi à briser un seul tam-tam lorsque le chef a surgi de sa case comme une grosse bête furieuse. Il portait juste un petit caleçon, on aurait dit qu'à notre arrivée il dormait et qu'on l'avait réveillé. Il était grand et musclé, il grondait comme un tonnerre :
> – Oh ! Que se passe-t-il ? Que se passe-t-il donc ? Hein, que se passe-t-il ? Quel homme ose me porter la guerre jusque dans mon village ? Qui ose briser mes xylophones ? Que veux-je lui faire, je vous le demande ?... Je crois bien que je vais le tuer » (p. 94).

Les hommes du chef s'interposent et empêchent le pire pour le P. Drumont. Il n'arrête pas pourtant ses hurlements :

> « Frères, laissez-moi le tuer, je vous en supplie, frères, lisez-moi vous débarrasser de cette peste de prêtre, laissez-moi écraser cette sale vermine sous mon seul pied gauche et vous n'entendrez plus jamais parler. Qu'est-il venu ficher dans notre pays, je vous le demande ? Il crevait de faim dans son pays, il s'amène, nous le nourrissons nous le gratifions des terres ; il se construit de belles maisons avec l'argent que nous lui donnons ; même nous lui prêtons nos femmes pendant trois mois. Mais il n'est pas encore content : ne le voit-il pas qu'il se met à vouloir nous empêcher de danser ? C'est tout juste s'il ne vient pas nous jeter hors de nos maisons pour s'en emparer et

c'est d'ailleurs ce qu'il fera un de ces jours, c'est moi qui vous le dis. Non, mais voyez-vous ça, je vous dis que je le tue, cette merde de prêtre. Je luis arracherai sa barbe de la main. Son échéance et arrivée enfin : aujourd'hui, il paiera pour tous les malheurs dont il nous a affligés depuis qu'il traîne sa robe de châtré à travers le pays... » (p. 95).

Le réquisitoire est complet. C'est la contestation radicale de la mission. Il y a sans doute une partie de l'âme africaine qui éclate, face à des méthodes missionnaires violentes, peu évangéliques. Heureusement d'autres méthodes susciteront d'autres réactions.

L'implication coloniale de l'affaire est bien représentée par le conseil qu'un vieux sage donne au chef :

« Ecoute-moi, fils, écoute-moi donc. Est-ce que tu oublies que tu as affaire à un Blanc ? Est-ce que tu oublies, fils ? Que veux-tu, il n'oserait pas nous provoquer ainsi, s'il ne se sentait appuyé derrière lui par tous ses frères. Avec ça qu'ils sont solidaires. Va te coucher, fils. Laisse-le passer son chemin ; ne l'affronte pas. Avec eux on ne sait jamais. Va te coucher, fils » (p. 96).

En nous bornant à l'aspect culturel, présentons encore une dernière intervention à propos de la danse :

« Alors un homme a dit au R.P.S. :
— Père, je ne suis pas chrétien ; je n'ai jamais été baptisé et je ne crois pas que le serai jamais ; pourtant je crois que Dieu existe. Je voudrais seulement te poser une question : suppose que des Blancs aient dansé ce soir à notre place ; suppose que tu aies été près de leur fête, est-ce que tu serais allé briser leurs trompettes et leurs guitares ? Parle-moi en toute sincérité, Père.
Le R.P.S. a hésité, puis il a répondu :
— Mais je ne suis pas venu dans ce pays pour les Blancs, je suis venu pour vous, pour les Noirs. Les Blancs, ça ne me regarde pas. Ils sont mauvais, les Blancs, ils iront en enfer comme tous les hommes mauvais.
— Et nous, Père, a demandé l'homme.
— Vous, a répondu le R.P.S., vous pouvez facilement aller au ciel : vous êtes si près d'y aller au ciel : il suffirait de si peu de chose. C'est juste-

ment ce qui me met en colère, il vous faudrait si peu de chose pour aller au ciel...
– Quoi, Père ?
– Ne plus danser, par exemple.
– Mais qu'est-ce que nous ferions, mon Père, si nous ne dansions plus ? Vous autres, vous avec des automobiles, des avions, des trains... Nous n'avons que cela, danser. Et vous voulez nous empêcher de danser ! Qu'est-ce que nous ferons à la place ?
– Vous pourriez prier Dieu. L'adorer.
Ils sont restés silencieux et ils nous regardaient avec curiosité (...) Au bout d'un temps, l'homme a déclaré :
– Père, à mon avis, si Jésus-Christ avait vraiment songé à nous, il serait venu lui-même discuter la question avec nous et peut-être qu'il nous aurait laissés libres de danser. C'est vraiment ce que je crois : et toi ?...
– Justement, Jésus-Christ m'a chargé de vous le dire...
– Oh toi, tu es un Blanc, Père ! » (p. 97-98).

L'enfant de chœur, qui rapporte la scène, est indigné de voir le Père si complaisant avec ces « bêtises d'illettrés ».

Le dialogue est subtil et il pousse au ridicule la position du missionnaire, qui finalement semble fermé à la culture africaine. La comparaison posée par l'homme à propos de la danse des Blancs est juste. Aucun argument clair sur la bonté ou la méchanceté de la danse (de toute danse ?)[6]. L'affaire serait-il donc essentiel à la foi en Jésus-Christ ? Pourquoi ? Indirectement, la médiation ecclésiale de l'Evangile du Christ est aussi en cause. Mais la question serait la même pour tous les peuples évangélisés, sauf pour le peuple juif, le seul à avoir pu écouter le Christ de façon directe.

Enfin, un autre thème classique de la critique à la mission affleure : le double jugement moral des missionnaires à l'égard des Blancs et à l'égard des Noirs. Sujet digne de considération réfléchie. L'épisode met en exergue, sans ménagement, le thème de l'inculturation. Le P. Drumont semble appliquer la méthode de la « tabula rasa ».

---

[6] Que dirait-on des actuelles danses occidentales, impensables dans les années 30, temps supposé du roman ? Quel en est le jugement aujourd'hui ?

L'autre thème qui touche aussi la culture, à notre avis, serait celui de la sorcellerie[7]. Si nous avons vu l'auteur du roman conduire les événements susdits dans le sens d'une nette apologie de la fête traditionnelle africaine, nous verrons maintenant Mongo Beti se montrer plus prudent. On dirait que, tout en mettant en évidence la brutalité des méthodes du R.P.S., il est réservé sur une pratique dont, en tant qu'africain éclairé, il prend ses distances.

Toute l'affaire de la sorcellerie est abordé à travers un personnage qui la représente dans le roman : Sanga Boto. Son apparition est soigneusement préparée (p. 77-79). La description qui en fait le premier moniteur d'Ekokot est très colorée, et non exempte d'esprit critique, ce qui plaira beaucoup au R.P.S. La voici :

« Lui est assis devant un miroir, tournant le dos à la porte : en général, il fait noir autour de lui. Il a à sa droite une marmite pleine d'eau de pluie. Eh bien, un client entre et s'approche jusqu'à ce que Sanga Boto qui, en principe, ne le voit que dans le miroir, lui dise de s'arrêter. Il s'arrête plein de frayer ; dans l'attitude de l'écolier qui a encouru un châtiment et qui se demande si, en dépit de son air pitoyable, on décidera tout de même de le lui infliger. Alors, Sanga Boto dit, par exemple : « Un parent à toi est mort, il n'y a pas longtemps, n'est-ce pas ? » « Oui....oh, oui, c'est vrai ça», répond l'autre. « Tu as été malade, il n'y a pas si longtemps, n'est-ce pas ? » redemande le sorcier. « Oh, oui, oui !... ça aussi c'est vrai, absolument vrai... » Répond à nouveau l'autre. Il lui pose encore des tas de questions du même genre jusqu'à ce que l'autre déclare : « Pourquoi me poser toutes ces questions ? Tu ne vois que la vérité, tu le sais bien. Ne m'interroge donc plus ; tes questions sont inutiles. Vois et donne-moi des conseils... » Puis, tout à coup sur un ton surpris, le sorcier s'exclame : « Ouais, c'est étrange !...Je vois un homme vieux, gros, avec un chasse-mouche à la main. Son torse est nu et un pagne est enroulé autour de ses hanches... C'est étrange, c'est vraiment étrange ! Est-ce que tu as beaucoup d'ennemis ? » « Oui, oui, certainement, répond l'autre, et celui-là, c'en est le plus implacable. C'est

---

[7] Il a été traité pertinemment par le colloque tenu à Yaoundé du 17 au 19 mars 2005. Voir: DE ROSNY E., (dir.), *Justice et sorcellerie,* Paris -Yaoundé, Karthala – Presses de l'UCAC, 2006

Dumga, et je le reconnais bien à la description que tu viens de m'en faire. Il m'en veut parce qu'il n'a jamais pu faire d'enfant à aucune femme quelle qu'elle soit, tandis que moi, ma foi ! C'est plutôt le contraire... » Et ainsi l'homme conte toute sa vie à Sanga Boto, qui n'a plus qu'à lui donner des petits conseils médiocres... » (p. 116-117).

Les assistants soulignent après ses richesses, l'abondance des femmes qu'il possède, sa véritable « cour », mais aussi le vide de ses incantations et l'abandon dans lequel tombent les sorciers.

La rencontre entre le P. Drumont et Sanga Boto se fait un peu plus tard et Mongo Beti s'attache encore une fois à décrire les méthodes du Père. Il s'agit maintenant d'une humiliation publique en règle, presque d'un duel. Le Père se fait conduire chez le sorcier, il le tire violemment hors de sa case, sans résistance de sa part, et le traîne la main, honteusement, en court caleçon blanc à travers le village. Il le met à genoux devant l'autel et il commence la Messe avec le peuple, qui assiste à cette étrange « séance de lutte ». Le R.P.S. lui fait ses exorcismes en latin, en l'appelant « incarnation de Satan ». Puis il l'oblige à faire une véritable confession publique. Sanga Boto accepte et expose toute ses simagrées. Quant à sa renommée de guérisseur il répond : « Je ne suis pas responsable de la réputation de guérir qui s'est faite autour de mon nom. Des malades sont bien venus me consulter et, en s'en retournant chez eux, il se sont imaginé tout à tout qu'ils étaient guéris » (p. 130).

Puis le R.P.S. lui pose la question de son baptême et e son nom chrétien. Effectivement il a été baptisé et a reçu le nom de Ferdinand. Le Père lui demande de prier et Sanga Boto, qui ignorait l'auteur de cette prière, récite à haute voix le Notre Père. Le petit Denis est rayonnant, il pense à la conversion du sorcier – « un diable de moins dans le pays » - et il admire la manière résolue d'agir du R.P.S.

Somme toute, le récit est fort intéressant. Il semblerait que la rationalité du Père n'est pas si évidente pour l'auteur. En effet, Sanga Boto se sait fourbe et il est honnête à sa manière, mais le R.P.S. a aussi ses croyances au diable et ses agissements mystiques, et sa manière de faire provoque la mentalité crédule et naïve de l'enfant de chœur, qui représente ici la pensée du bon catholique africain.

Or, un peu après toute cette affaire à la Messe, le P. Drumont faillit se noyer dans un fleuve à cause du renversement de la pirogue. Le passeur réussit à le sauver des eaux. Il grelotte : c'est la fièvre. Mais la pensée de Denis s'envole à la victoire du matin :

« Que pensera Sanga Boto ? Que dira-t-il ?...Que penseront les fidèles de Sanga Boto, les vaincus de ce matin ?...Et que effet aura tout cela sur nos chrétiens ? Pourvu qu'on n'aille pas raconter que Sanga Boto a jeté un sort sur le R.P.S.... » (p. 134).

« Or, c'est justement le bruit que le sorcier a répandu, tout en disparaissant du village. Il a voulu ainsi donner un échantillon de ses pouvoirs, mais sans rancune. « Il s'était laissé malmener et humilier uniquement parce que le R.P.S. est un blanc et que son frère – l'administrateur Vidal – battait le pays. S'il avait peur, c'était bien plus de l'administrateur qui l'eût mis en prison, s'il avait fait un mauvais parti à un Blanc, que du R.P.S. qui n'est qu'un sorcier tout comme lui » (cf. p. 152)[8].

Voici en fin de comptes l'ambiguïté profonde de l'aventure. L'aspect colonial réapparaît. La mentalité magique n'est pas exclusive des Noirs, mais ils interprètent l'action du prêtre à l'image de ses propres sorciers. On dirait volontiers que l'auteur entend par là critiquer semblablement les deux hommes, et qu'il laisse une porte ouverte à l'interprétation mystique de l'accident du R.P.S., ce qui serait une preuve des pouvoirs traditionnels africains.

En conclusion de cette analyse nous avons trouvé deux problèmes majeurs de la mission, présentés avec acuité : le rapport évangile – culture, le thème de la fête et de la danse, et le rapport évangile – religion traditionnelle, le thème de la sorcellerie. Dans les deux cas, selon Mongo Beti, la mission, au nom de l'évangile, se serait opposée farouchement à la tradition africaine.

---

[8] Plus avant on reviendra encore sur l'affaire en termes de match à égalié (p. 186).

3.3 L'aspect moral

L'échec moral de l'action missionnaire du R.P.S. à Bomba apparaît en filigrane tout au long du roman, mais il éclate de façon imposante dans les derniers chapitres. Il s'agit surtout de la morale sexuelle, mais aussi de la morale économique. Les plus intimes collaborateurs du R.P.S., surtout Zacharie, son cuisinier, et Raphaël, le chef de la sixa, apparaissent complices d'un tas d'histoires louches. Des scènes violentes vont se succéder et un jugement des coupables, avec des longs interrogatoires dégoûtants.

Voici les faits de façon résumée.

Zacharie, marié à l'Eglise avec Clémentine, obtient de Raphaël, le chef de la sixa – internat de femmes qui se préparent au mariage – que la belle Catherine puisse l'accompagner tout au long de la tournée apostolique au pays des Tala. Cela en vue de fréquentes rencontres nocturnes qui vont provoquer la curiosité et finalement la chute de Denis.

Clémentine, l'épouse légitime, apparaît et parle en premier lieu avec Denis, qui depuis ce moment soupçonne le pire. Effectivement, une bagarre solennelle entre Clémentine et Catherine a lieu pendant la Messe du R.P.S. qui doit les séparer par la force (cf. p. 201 et s.). On commence alors la première déposition, cette fois-ci de Clémentine contre son mari, contre Catherine et contre Raphaël[9].

Or, la bagarre entre Zacharie et le fiancé de Catherine ne tarde pas à arriver, avec un résultat désastreux pour Zacharie (cf. p. 225 et s.) et pour le R.P.S. lui-même, qui semble couvrir de son autorité les péchés des siens.

A propos de la morale sexuelle donc, non seulement la polygamie surtout des chefs, plus ou moins camouflée existe toujours (f. p. 51 s. 113 s. et 232 s.), et les *filles mères,* si blâmées par le R.P.S. sont considérées comme une bénédiction (cf. p. 253), mais surtout, une institution

---

[9] A noter que d'après les coutumes africaines le mari aurait droit à coucher avec une jeune fille non fiancée ou mariée, après l'accouchement de son épouse (cf. P. 213-214 et 217).

née pour préparer au mariage chrétien, la sixa (cf. p. 15 n.1), est devenue un foyer de corruption morale, de contagion des pires maladies vénériennes et une exploitation raffinée des femmes sous le pouvoir des catéchistes responsables.

Toute la troisième partie du roman est là.

On obtient l'aveu des femmes grâce à la chicote et c'est effrayant ! Les responsables, Zacharie, Raphaël et Daniel, le propagateur de la syphilis, prennent fuite. La sixa s'avère un « vrai bordel » (p. 312). Le rapport si détaillé du Dr. Armand est terrible (cf. p. 318-324). Le P. Drumont décide de faire son rapport à l'évêque, et aussi de renvoyer tout le monde, femmes, catéchistes et employés, et d'abandonner la mission de Bomba. Le missionnaire se sent coupable. De fait il avoue à son vicaire :

> « Je veux vous dire toute la vérité. Et peut-être que cela me soulagera. Le seul coupable dans cette histoire, c'est moi, vous entendez, moi !...
> – Mon Père !
> – Si, écoutez-moi bien. Surtout, n'allez pas vous imaginer que j'ai perdu la boussole. Non ! Je suis tout à fait dans mon assiette. La dernière fois que j'ai mis les pieds à la sixa, elle venait d'être construite ! Vous vous en rendez compte ? Il y a presque vingt ans de cela. Je chargeai un de mes catéchistes d'alors de rendre ces cases plus confortables, enfin… plus habitables, quoi ! Je croyais qu'il ferait ainsi. Depuis lors, plus jamais je n'y remis pieds. Vingt ans ! Vous vous en rendez compte ? » (p. 326).

Il va sans dire que l'écrivain semble bien applaudir cette sincérité finale du missionnaire, qui met en doute même la capacité du christianisme de libérer la femme africaine (p. 327)[10].

Dans tout le récit, seul le jeune Gaston, rencontré par hasard à Evidi, semble vivre la morale sexuelle chrétienne dans sa pureté (cf. p. 91-92). Le panorama général est un véritable catastrophe insoutenable.

---

[10] Dans tout le roman, la chasteté personnelle du R.P.S. n'est pas mise en question, sauf une fois façon malicieuse par Zacharie, le cuisinier infidèle et voleur (cf. P. 52).

3.4 L'aspect politique

Tout au long de notre analyse, les implications entre évangélisation et colonisation sont déjà apparues plusieurs fois. Nous voulons maintenant nous y arrêter de façon explicite. C'est surtout dans les entretiens entre M. Vidal, l'administrateur, et le P. Drumont que cet aspect politique de la mission sera abordé par notre auteur.

Ici est là, nous trouvons des échantillons de nationalisme à la française, comme le chant de la Marseillaise (cf. p. 46 et 230), ou d'autres chants de saveur patriotique[11]. Le R.P.S. parle peu de sa Province natale, mais la peinture qu'il en fait éveille une grande admiration chez le petit Denis (cf. p. 83).

Depuis sa première apparition, M. Vidal se montre plein d'admiration pour notre vieux missionnaire. Ses premières paroles précisent la position de cet honnête jeune administrateur avec clarté :

« - Mais je vous interdit formellement, entendez-vous ? Formellement (...) oui formellement, d'appeler enthousiasme le splendide épanouissement que je dois à ma sublime vocation, une vocation unique...hm ! Avec la vôtre, quoi ! D'ailleurs, je continue à soutenir envers et contre vous que la mienne et la vôtre n'en font qu'une. Le R.P.S. riait lui aussi » (p. 58).

Quoique le missionnaire se montre plus réservé, Mr. Vidal ne cache pas du tout ses convictions. Pour lui le R.P.S. est un artiste qui doit « modeler une race... lui imposer la forme que l'on désire » (p. 60). Il fait plus tard une confession nette : « A mon point de vue, il suffirait que nos Bantous comprennent que notre civilisation, à laquelle ils aspirent tant, ce n'est pas seulement les bicyclettes, les machine à coudre, c'est surtout notre christianisme » (p. 61).

De son côté, le P. Drumont en constatant la différence entre les « gens de la route », beaucoup plus christianisés, et les « gens de la brousse », beaucoup plus réfractaires, commence à croire que l'administration co-

---

[11] "La France est belle, ses destins sont bénis, vivons pour elle, vivons, vivons unis" (p. 230).

loniale a été un facteur de christianisation obligée, à cause des exactions coloniales (f. p. 62).

Dans la deuxième partie du roman, au chapitre consacré à Zibi, nous avons un autre exemple de collaboration entre l'administration et le missionnaire. Celui-ci vient d'être sérieusement attaqué par un jeune homme. Zacharie s'est battu contre l'agresseur. Or, M. Vidal renseigné sur l'affaire a fait coffrer le type (cf. p. 168), malgré les protestations a posteriori du missionnaire, qui profite pour lui expliquer une affaire traditionnelle de mariage et de dot, qui a conduit la femme à se réfugier dans la sixa (p. 169 s.). L'administrateur insiste : « N'ayez crainte, mon Père ; je veille sur vous. Je vous ai toujours dit que nous étions embarqués dans le même train vous et moi... » (p. 174).Mais cette protection de l'administrateur sur le missionnaire est bien perçue par les gens et c'est un des arguments pour éviter tout affrontement, comme nous avons déjà noté dans la réaction du vieux sage à l'égard du chef humilié par les agissements du Père, à propos de la danse nocturne.

La dernière grande conversation Drumont – Vidal revient abondamment sur notre sujet. Le R.P.S. a décidé alors de rentrer en Europe, même contre l'avis de l'évêque. M. Vidal voit là une preuve de l'esprit français : « C'est incroyable comme vous pouvez être français, mon Père, je vous adore » (p. 245)[12].

La position globale de M. Vidal est très bien expliquée dans cette déclaration solennelle :

> « Ecoutez-moi, mon Père, je vais vous le dire. La condamnation que vous venez de prononcer nous atteint nous aussi, nous fonctionnaire coloniaux héritiers de Faidherbe[13] et du grand Savorgnan de Brazza[14] ; car si le religion chrétienne n'a pas de ses ici, il y a fort à parier que la civilisation que nous

---

[12] On dirait qu'il y a chez le laïc, un fond de sentiment gallican spontané.

[13] Faidherbe Louis (1818-1889), général français né à Lille, gouverneur du Sénégal (1854-1861 et 1863-1865), il organisa la colonie et créa le port de Dakar. Il commanda l'armée du Nord en 1870-71 (Larousse).

[14] Savorgnan de Brazza Pierre (1852-1905), colonisateur français, Né à Castel Gandolfo. Il acquit pacifiquement pour la France une partie du Congo et fonda Brazzaville (Larousse).

voulons y implanter est absurde sous ce soleil[15]. Voyez vous ce que je vous ai toujours dit : nous nous trouvons dans le même panier. J'ai donc dit une sottise, que vous riez tant ? » (p. 246-247).

La vision du R.P.S. n'est pas si élevée. Pour lui la colonie est au service des intérêts économiques d'une certaine catégorie de gens et l'indépendance ne saurait tarder. M. Vidal se défend :

> « Ils nous expulseront peut-être un jour ou l'autre, encore que la chose semble peut probable : à mon idée, ils ne peuvent pus se passer de nous, moralement, intellectuellement, sinon matériellement. Où je ne vous crois pas, c'est quand vous dites que je me trouve ici pour protéger une catégorie de gens très précise : il ne peut y avoir que cela, mon Père. Nous avons commis des erreurs, certes, mais il n'y a pas eu que cela » (p. 247)[16].

La réaction du vieux missionnaire, de plus en plus nette, de plus en plus consciente à cause de cette fameuse tournée chez les Tala, est tranchante : il faut distinguer colonisation et mission (cf. p. 248). Mais il reconnaît qu'il s'agit là d'une exception parmi les missionnaires et il insiste sur le fait que même les déférences « religieuses » des fonctionnaires sont absolument intéressées, au milieu d'une véritable oppression :

> « Monsieur Vidal, vous connaissez encore mal ce peuple : on ne le comprend pas facilement. Il doit d'ailleurs être ainsi de tous les peuples opprimés. Leurs réactions peuvent paraître étranges au premier abord. Devant la violence, ils ne se dressent pas, comme le chêne de notre La Fontaine, non ! Ils plient : leur histoire leur a appris à plier. Mes chrétiens de la route plient, en consentant à devenir chrétiens pour la forme. Oh ! ce ne sont pas des imbéciles. Ils bien vu la sorte de déférence, de respect superstitieux que vous autres, colons, témoignez aux missionnaires et en général aux choses de la religion, même quand

---

[15] Le débat actuel dur le "choc de civilisations" (Huntington) donne un regain d'actualité à ces propos.

[16] Noter que la vision du missionnaire se montre plus clairvoyante. L'indépendance arrivera en 1960 et l'aspect économique de la colonie s'avère le plus profond, même par la suite.

vous ne pratiquez pas. L'aspect formel de la religion : prières, génuflexions, signes de croix, incantations, images des saints, crucifix, en fait tout est là pour eux. Quelle revanche pour leur humanité outragée » (p. 251).

En observant la « collusion fatale » qui tôt ou tard trouve son origine entre missionnaire et colons, le R.P.S. insiste : « Pour le moment, je sais que vous nous protégez et que nous déblayons le terrain pour vous, en préparant les esprits, en les rendant dociles... C'est bien triste » (p. 252).

A la fin de ce long entretien, qui nous semble le nœud idéologique du roman, M. Vidal, touché aussi par les arguments du missionnaire lui propose un catholicisme « à l'usage des Noirs » (p. 259), avec une autre morale[17].

Notre auteur a su présenter le débat colonisation – évangélisation en Afrique de manière fort suggestive. M. Vidal est un colon « idéaliste » et le P. Drumont est un missionnaire « converti ». Pour le lecteur, les positions du missionnaire à partir de la tournée, son revirement, constituent sans doute la vision exacte de la situation africaine.

Signalons, pour ce qui est du Cameroun, que, les puissance coloniales successives – Allemagne, Angleterre et France – ont exigé d'avoir des missionnaires recrutés dans la Métropole, de telle sorte que l'échec es Allemands en 1916, a comporté l'expulsion des missionnaires Pallottins allemands et par la suite l'arrivée des missionnaires Spiritains français[18] et les missionnaires de Mill Hill pour la partie anglophone.

Les rapports entre pouvoir colonial et la hiérarchie missionnaire catholique constituent un des chapitres passionnants de l'histoire es missions[19]. Il faut rappeler que Rome n'a cessé d'insister sur le danger d'une mission teintée de nationalisme, spécialement à partir de l'encyclique *Maximum illud* de Benoît XV (1919). Jusqu'à quel point la pureté de la

---

[17] D'autres éléments de la confession du R.P.S. seront abordés infra dans la section consacrée à l'aspect théologique.

[18] A vrai dire, on a trouvé le subterfuge d'envoyer des Alsaciens, liés à l'empire allemand et nouvellement devenus Français, comme le célèbre et très aimé Mgr. F.X. Vogt.

[19] Les travaux du P. Joseph Roger de Benoist, missionnaire d'Afrique, ainsi que les congrès du CREDIC en font Etat.

proclamation de l'Evangile à pénétré le cœur des missionnaires, surtout à l'époque coloniale, n'est pas facile à dire, et mérite d'être étudiée.

Du reste, la situation actuelle est absolument autre, puisque la rapide africanisation du clergé d'un côté et l'installation des gouvernements indépendants de l'autre, ouvre un nouveau chapitre des rapports entre religion et politique. Mongo Beti, en 1956, a eu pourtant le mérite de signaler ce problème selon les données de son temps. Ses positions sont nettes : une sorte de connivence tacite ou avouée entre pourvoir colonial et Eglise a rendu l'action missionnaire radicalement ambiguë face à une population doublement opprimée.

Or, nous touchons là, à notre avis, l'aspect le plus profond du débat que soulève *Le pauvre Christ de Bomba,* il s'agit de l'aspect théologique du roman : l'Evangile chrétien a-t-il besoin du malheur pour pouvoir s'enraciner dans les âmes comme Bonne Nouvelle de Salut ? Le Christ, est-il inéluctablement blanc, de telle sorte que son message soit impossible à accepter en vérité par l'esprit des Noirs ?

3.5 L'aspect theologique

Tout au long du roman que nous analysons, il y a un argument qui revient : les habitants de la route sont des bons chrétiens, tandis que les Tala, enfuis dans leur brousse, ne sont pas des bons chrétiens. La raison donnée est la suivante : les habitants de la route ont subi les exactions coloniales, normalement les travaux forcés, d'où ils se sont réfugiés dans la foi, l'Eglise leur donnant soutien et, dans certains cas, leur procurant l'exemption. Qu'on songe, par exemple, aux catéchistes et aux employés des missions.

Or, étant donné que l'administrateur M. Vidal, a le projet de bâtir aussi une route dans le territoire des Tala, inévitablement le chemin à l'évangélisation va s'ouvrir aussi chez eux et ils deviendront aussi bons chrétiens comme leurs compatriotes de Bomba et environ.

Cette mentalité apparaît chez le petit Denis, mais aussi chez Zacharie, le cuisinier et chez M. Vidal. Or, au début du roman c'est encore la pensée du R.P.S. Voici quelque exemple.

A propos des Tala, Denis constate :

« En somme, et c'est visible, ils vivent dans l'insouciance, au contraire des gens des villes et de ceux e la route. Ils ne s'en font pas, comme le dit le R.P.S. Il dit aussi que s'ils songent si peu à Dieu, c'est parce qu'ils sont trop heureux. Selon lui, seuls les malheureux, seuls les opprimés pensent avoir foi en Dieu : et pourquoi seraient-ils meilleurs chrétiens sur la route, sinon parce qu'à chaque instant ils sont exposés aux vexations des tirailleurs, à la cupidité des chefs, à la corvée ? Ici, par contre, ils ne connaissent aucun de ces maux. Que le Seigneur ne leur envoie-t-il un tout petit avertissement ! » (p. 33-34).

Voici maintenant, un dialogue avec l'administrateur qui abonde dans le même sens :

« ... je vais vous expliquer ça. Les gens de la route vivent dans une terreur constante – je maintiens l'expression, quoique d'habitude elle vous mette hors de vous. Ils vivent dans une terreur perpétuelle à cause des réquisitions, des travaux forcés, des bastonnades, des tirailleurs... Croient-ils réellement, ou se retournent-ils vers moi qui les console ? – sans jamais d'ailleurs pouvoir les protéger ? Voilà la question qui me tracasse en ce moment.
Ils se sont tus et ils se regardaient dans les yeux. Puis, le jeune administrateur s'est écrié :
— Mon Père, vous avez bien dit : il n'y a que ceux qui habitent sur la route pour être bons chrétiens ; c'est bien ce que vous avez dit ?
— Oui. Pourquoi ?
— Réjouissez-vous, Révérend Drumont, réjouissez-vous et n'ayez plus de souci. Vous l'aurez bientôt, votre route et votre clientèle. Ah, ah, ah ! réjouissez-vous, vous dis-je.
— Est-ce que vous déraillez ?
— Ecoutez, mon Père, le voyage que je fais ici en ce moment précède de peu la mise à exécution d'un très grand projet. Nous nous préparons à creuser une route à travers le pays des Tala... » (p. 62-63).

A ce moment du récit, les exhortations du P. Drumont inspirent encore la crainte des avertissements divins[20]. L'argument vient encore sur la bouche

---

[20] Voir p. 65, où l'auteur fait une description détaillée des horreurs de la construction des routes comme d'un souvenir de Denis, l'enfant de chœur, qui augure une rapide conversion des Tala « quand la chicote leur strie le dos » (p. 67).

de Zacharie à plusieurs reprises (cf. p. 73-74, 163-164…) ou même du R.P.S. (cf. p. 176).

Or, dans la deuxième partie du roman – épisode d'Akamba – le revirement du père est complet. Une conversation avec Zacharie, rapportée soigneusement par Denis lui-même étonné du changement, nous fait saisir le nouvel état d'esprit du missionnaire :

> « Vois-tu, Zacharie, des Blancs vont maltraiter des Noirs et quand les Noirs se sentiront très malheureux, ils accourront vers moi en me disant : « Père, Père, Père… » Eux qui jusque-là se seront si peu soucié de moi. Et moi je le baptiserais, je les confesserais, le les enterrerais. Et ce retournement heureux des choses, je le devrais à la méchanceté des Blancs !... Moi aussi je suis un Blanc !
> – Mais toi tu as toujours été avec nous, mon Père ! S'est écrié le catéchiste.
> – N'empêche pas que je suis un Blanc. Et l'Evangile du Christ ce sont d'abord les Blancs qui l'ont reçu et il ne les a même pas changés : ils sont toujours aussi mauvais[21]. Regardez, ils en sont encore à venir dans votre pays pour vous infliger des traitements aussi cruels. Je ne veux pas tirer profit de leur malice, moi, je m'y refuse. Le Christ aussi ! Tenez, c'est comme les gens de la tribu de Saba. Vous connaissez la réputation dont ils jouissent dans tout le pays. Les Saba, raconte-t-on ici, voyagent souvent par eux. Le premier devant, très loin à des jours de distance, et il jette de sorts maléfiques à tour de bras : les gens tombent malades dans tout le pays comme s'il y avait une épidémie. Quelques jours plus tard, passe le deuxième Saba, il se prend de pitié pour tous ces malades et il se met en devoir de les soigner. Naturellement il sait les guérir, mais il perçoit de l'argent à chaque guérison et il s'enrichit. Mais pour qu'il s'enrichisse, il a fallu que son frère passe avant lui en jetant des sorts maléfiques à droite et à gauche. Je ne crois pas aux superstitions païennes, mais je vous parle en manière de comparaison : c'est seulement un symbole. Voyez-vous, je n'ai pas envie de jouer la petite comédie des Saba.

---

[21] Grand jugement historique sur la conversion du coeur de l'Europe au Christ publiquement prêché et accepté. Pourtant depuis des temps des découvertes (XV è siècle s.), les meilleurs témoins de l'Eglise ont formulé des griefs semblables (cf. Las Casas, Vitoria, François Xavier, Pierre Claver…). Le discours de Jean Paul II à Gorée (Sénégal) en 1992, va aussi dans ce sens dans son émouvante demande de pardon.

Le R.P.S. considérait Zacharie d'un air interrogateur. Zacharie a dit :
— Peut-être que les Blancs, quand ils nous maltraitent, ce n'est pas leur faute. Peut-être bien que c'est la volonté de Dieu. Tiens, regarde le déluge : cette plaie n'y était pour rien, Père !
— Ah... ah... ah...ah... ah... ah... ah...Zacharie, tu es terrible, a fait le R.P.S. Tu veux dire que Dieu a crée les Blancs pour le malheur des Noirs et pour leur sanctification. C'est très intelligent, ça ; en plus c'est peut-être vrai, mais c'est tout de même triste à entendre. En tout cas, moi je ne sais pas. Tout ce que je sais, c'est que j'ai besoin de beaucoup de calme pour réfléchir sur tout cela à tête reposée... » (p. 189-190).

Du reste, à des questions très pertinentes du père, sur la profondeur de sa vie chrétienne, Zacharie répond tout de suite d'une manière parfaitement hypocrite et intéressée (cd. P. 190-191)[22].

La rapide allusion biblique de Zacharie — le déluge — et surtout la nouvelle position du vieux missionnaire nous obligent à réfléchir un peu.

Nous laissons aux historiens le soin de déterminer, tant que possible, les circonstances et les méthodes de la première grande évangélisation d'Afrique au XIX è siècle, ainsi que les motivations des conversions. Mais face à la présentation cause - effet entre malheur historique politique et social et foi religieuse comme remède anthropologique, dont la saveur marxiste nous semble évidente, que pourrions-nous dire du point de vue chrétien ?

De façon très résumée, la Révélation biblique présente toujours une mystérieuse connexion entre toutes sortes de malheurs humains, dont l'expression suprême est la mort, et le péché, c'est-à-dire l'éloignement personnel et social de l'homme à l'égard de Dieu et de sa volonté. Le message du Salut qui traverse l'Ancien Testament surtout comme Promesse et s'affirme dans le Nouveau Testament comme Accomplissement dans et par le Christ, comporte acceptation de la réalité, même douloureuse, conversion, foi, expérience de réconciliation et promesse de vie en plénitude à l'image et grâce à la Mort - Résurrection de Jésus. La portée salvifique de

---

[22] Voir encore: p. 326-237 et p. 303-304. Ici, même Denis est en train de comprendre la nouvelle mentalité du missionnaire.

l'Evangile du Christ est là : nos Péchés, nos erreurs, nos impasses et nos aspirations profondes trouvent en Lui une réponse **historique** (non mythique), **actuelle** dans son Eglise, et **définitive** mais en espérance.

Evangile en main, malheur à celui qui au lieu d'aimer son prochain, le méprise, l'opprime, le vend ou le tue. Mis, Evangile en main aussi, tout, même les souffrances les plus atroces, peuvent devenir providentiellement des moments de grâce et de salut.

Or, faut-il absolument lier l'expérience du malheur et le sens de la conversion au Christ ? Je n'oserais pas l'affirmer sans plus, et du reste beaucoup d'itinéraires de foi se sont initiés de façon absolument pacifique. Cependant, sans conscience de péché et d'incapacité d'un auto – salut, au sens fort du mot (= vie pleinement heureuse pour toujours), pas de Foi chrétienne véritable et mûre : « En effet, il n'y a pas de différence : tous les hommes sont pécheurs, ils sont tous privés de la gloire de Dieu, lui qui leur donne d'être des justes par sa seule grâce, en vertu de la rédemption accomplie dans le Christ Jésus » (Rm 3, 22-24).

L'Africain, comme l'Européen ou l'Américain de n'importe quelle génération se trouve donc confronté radicalement aux mêmes problèmes et en écoutant l'Evangile perçoit une même offre de Salut. Certes, les contextes historiques, culturels, sociologiques et politiques pèsent d'une manière si profonde, qu'il nous est interdit de prononcer de jugement sur personne à ce sujet. Mais, en revenant à notre roman, l'évolution que notre auteur faut subir au R.P.S. nous semble si profondément évangélique, même si la décision de partir est discutable et l'intégration spirituelle de la purification apostolique n'est pas évidente. Le Christ n'a pas fait de la situation d'oppression romaine un motif de propagande pour son message dans la Palestine de son temps, mais ayant accompli le Salut par son Mystère Pascal, a envoyé les Apôtres jusqu'au bout de leurs vies, prêcher la Bonne Nouvelle héroïquement assimilée.

Ces allusions vont nous introduire à la dernière et plus grave question soulevée par Mongo Beti : le Christ est irrémissiblement un Blanc ? Son Evangile est-il vraiment universel ? Peut-on songer à une Eglise vraiment chrétienne et vraiment africaine ? Certaines affirmations de notre récit semblent le nier. Rappelons-en quelques-unes.

Les premières invectives à cet égard se trouvent dans la bouche d'un chef Tala païen. Elles seraient donc explicables :

> « ...Je t'en foutrai, moi, des premiers vendredis du mois et d'autres ! Jésus Christ, Jésus Christ... encore un Blanc ! Encore un que j'aurais plaisir à écraser sous mon seul pied gauche. Ouais ! Jésus Christ, est-ce que le connais, moi ? Est-ce que je viens te causer de mes ancêtres, moi ? Jésus Christ, qu'est-ce que m'en moque ! Si seulement tu savais combien je m'en moque de ton Jésus Christ. Si seulement je pouvais te tirer les oreilles un moment et les rendre un tout petit peu plus rouges... Jésus Christ, Jésus Christ... Vermine ! » (p. 97)[23].

Or, dans l'épisode d'Akamba, à la deuxième partie du roman, c'est le missionnaire qui interroge un catéchiste, précisément parce qu'à leur passage tam-tams et xylophones se sont tues et des jeunes filles se sont arrêtées de danser :

> « Pourquoi ont-ils donc toujours peur de moi ? A demandé le R.P.S.
> – Mais voyons, Père, n'es-tu pas le représentant de Dieu ?
> – Ils ne croient pas, eux, je ne suis donc plus rien pour eux. Ils ne devraient pas me craindre.
> – On a toujours peur du Bon Dieu, Père, même quand on ne lui obéit pas.
> – Tu ne crois pas qu'ils craindraient plutôt le Blanc que je suis ?
> – Le catéchiste a réfléchi, puis il a dit :
> – Peut-être bien, Père, peut-être bien qu'ils craignent le Blanc. Mais même s'il s'était agi d'un prêtre noir, ils auraient craint également et ils se seraient tus à son passage... » (p. 184-185).

Le P. Drumont, qui a la moitié de son parcours a rasé sa barbe et s'est habillé en soutane noire (p. 151 ; p. 205), est travaillé par ces idées qui mûrissent lentement dans sa pensés.

---

[23] Dans le roman ce langage n'est pas fréquent. De fait, Denis commente : « Je crois qu'il était ivre. Il n'est pas possible de parler ainsi à l'état normal. Puis il est entré dans sa maison en marmottant des blasphèmes entre ses dents, en insultant le Christ » (*ib.*). (Pour Jésus « vermine » voir : Ps 21, 7).

Elles éclatent dans la grande conversation avec M. Vidal au retour à Bomba :

« - Ces braves gens ont bien adoré Dieu sans nous. Qu'importe s'ils l'ont adoré à leur manière... en mangeant de l'homme, ou en dansant au clair e la lune, ou en portant ai cou des gris-gris d'écorce d'arbre. Pourquoi nous obstiner à leur imposer notre manière à nous ?
Vidal, rembruni, la bouche à moitié entrouverte, regardait fixement le R.P.S. Le R.P.S. parlait, tourné vers la cour qui se vidait lentement.
- Je ne m'étais jamais posé la question auparavant. Pourquoi les Chinois ne s'acharnent-ils pas à convertir les Parisiens au confucianisme ou au bouddhisme, ou je ne sais pas, moi... Oh ! Je ne vous dis pas que je l'aie éclairci le problème. Ou que je ne l'éclaircirai jamais, à moins d'une grâce spéciale de Dieu. Mais tout de même, j'ai comme une idée qu'il y a là un problème grave » (p. 244-245)[24].

Le P. Drumont avoue que la vieille génération de missionnaires n'a pas eu cette problématique à l'esprit, et que lui-même est arrivé en Afrique avec des convictions arrêtées :

« Je suis parti de France. Animé par une ardeur d'apôtre. Je n'avais qu'une idée en tête, qu'une ambition dans mon cœur : étendre le règne du Christ. L'Europe, rationaliste, scientiste, pleine de morgue, trop consciente, m'écœurait. Je choisis les déshérités, du moins ceux que je prenais pour tels : j'étais un naïf, car les vrais déshérités, est-ce nous ou eux ?...
A mon arrivée dans ce pays, il y a une vingtaine d'années, le Christ n'y était pas totalement inconnu, les missionnaires allemands nous avaient précédés. J'ai trouvé une population prête à m'écouter avec complaisance, attentive jusqu'à l'obséquiosité. Je me suis livré au prosélytisme. Je ne me suis pas posé de question. L'extraordinaire attention qu'ils me montraient, je l'ai prise pour le besoin du Christ ; leur extraordinaire docilité, pour la complai-

---

[24] En relisant ces pages à combien d'années de distance, il faut avouer que la réflexion théologique post-conciliaire s'est posée de plus en plus explicitement ce genre de questions, sous le titre de *dialogue interreligieux*. L'encyclique *Redemptoris missio* (n. 55-57) et le document *Dialogue et annonce* (1991) en sont une preuve.

sance que doit témoigner quiconque découvre le Christ[25]. A aucun moment, je n'ai pris conscience que je me trouvais dans un pays colonisé... J'ai édifié des écoles, des églises, des maisons, presque une ville, la mission catholique de Bomba. Je ne me demandais guère en quoi toutes ces réalisations extérieures concernaient le Christ. Bref, je me suis institué administrateur, comme vous, monsieur Vidal ! Oui, comme vous ! Cela a duré longtemps...
- Cela aurait d'ailleurs duré plus longtemps, si tout à coup je n'avais constaté chez eux comme... une volte-face dont les hommes avaient pris la tête. Je me suis énervé, j'ai tempêté, rien n'y fait. Ce n'était plus les mêmes gens. Je ne les reconnaissais plus. Je ne comprenais pas qu'ils m'avaient épié, qu'ils m'avaient jugé, que je les avais déçu... » (p. 249-250).

Après avoir explicité l'échec de son plan pour reconquérir les Tala, il insiste encore :

« Je suis enfermé dans une race européenne, dans ma peau blanche ; plus ça va, plus ils se complaisent à me le jeter à la figure. Ceux d'ici me disent souvent, quand je les excède : « Oh, et puis, tu n'es qu'un Blanc... Et Jésus Christ est-ce que ce n'était pas un Blanc aussi ? » Ce qui veut dire : « Tu portes une soutane mais c'est encore pour mieux nous posséder » (p. 253).

Pour M. Vidal, la christianisation d'Occident a été aussi lente[26], mais le missionnaire en vient alors à la résistance spirituelle des Noirs :

---

[25] Depuis les premières pages du roman, le "rationaliste" Zacharie avait donné une autre interprétation terre à terre: "Les premiers d'entre nous qui sont accourus à la religion, à votre religion, y sont venus comme à ... une révélation, c'est ça, à une révélation, une école où ils acquerraient la révélation de votre secret, le secret de votre force, la force de vos avions, de vos chemins de fer, est-ce que je sais, moi... le secret de votre mystère, quoi ! Au lieu de cela, vous vous êtes mis à leur parler de Dieu, de l'âme, de la vie éternelle, etc. Est-ce que vous vous imaginez qu'ils ne connaissaient pas déjà tout cela avant, bien avant votre arrivée ? Ma foi, ils ont eu l'impression que vous leur cachiez quelque chose. Plus tard, ils s'aperçurent qu'avec de l'argent ils pouvaient se procurer bien de choses... Et voilà ! Ils abandonnent la religion, ils courent ailleurs, je veux dire vers l'argent. Voilà la vérité, Père ; le reste, ce n'est que des histoires... » (p. 54).
[26] Ce qui est historiquement très correcte. Au VI è siècle, saint Benoît trouvait encore des païens dans les campagnes de Mont Cassin.

« … comment faire admettre sincèrement le principe de la monogamie à un homme d'ici ? La pureté sexuelle, l'abstinence sexuelle leur sont totalement inconnues. Tenez, il me souvient d'une chose contre laquelle je me suis battu ici et usé inutilement : les filles mères. Vous savez, les filles se mettent à fréquenter les garçons toutes jeunes encore : quatorze ans, parfois même treize. Naturellement, il arrive ce qu'il ne peut manquer d'arriver, je veux dire des enfants. Eh bien, je n'ai jamais réussi à mettre dans l'esprit des gens qu'il y eût une honte pour la famille dans une telle situation. A leurs yeux, c'est bien plutôt un bonheur inestimable, surtout si l'enfant ainsi conçu se trouve être un garçon » (p. 253).

Pour le missionnaire donc, la difficulté africaine à l'égard de l'Evangile serait d'ordre morale. Ce n'est pas l'Histoire du Salut – le Credo – ou les rites chrétiens – les Sacrements – qui semblent bien acceptés et pratiqués. Ce sont plutôt les coutumes qui freinent la christianisation des cœurs. De fait, le grand échec de la sixa, relaté dans la dernière partie du roman, est comme le point final de cette crise missionnaire du P. Drumont.

M. Vidal réagit pourtant aux propos du R.P.S. à travers une proposition pratique :

« Pourquoi ne serait-ce pas nous qui avons transformé le christianisme à l'usage de notre estomac, mon Père ? Hein, pourquoi pas ? Dans la pensée du Christ, ce devrait être une religion universelle, non ? Et ce n'était pas un imbécile, le Jésus Christ : il devait bien se douter qu'il y avait de par le monde des gens qui avaient des mœurs à eux. Tenez, c'est comme la viande : nous mangeons tous la viande, Blancs et Noirs ; pourtant, nous ne la mangeons pas à la même sauce, les uns et les autres. Vous comprenez ce que je veux dire ? Pourquoi ne pas faire un christianisme à l'usage des Noirs ? Un christianisme… Je ne sais pas, moi… où la polygamie serait autorisée… où la pureté sexuelle ne figurait pas en tête du cortège des vertus ?
Le R.P.S., silencieux, a considéré Vidal un moment ; puis il a détourné les yeux comme si le jeune administrateur avait dit une très grosse bêtise » (p. 253-254).

Cette problématique de la catholicité du christianisme rebondit dans la pensée du petit Denis, de façon très belle du reste, puisqu'il représente l'attachement à l'orthodoxie catholique stricte et que certaines citations apprises des missionnaires provoquent sa réflexion. Voici deux échantillons. Après la longue discussion entre M. Vidal et le Père, Denis écrit :

> « A ce qu'il m'a semblé, ils disaient que la religion catholique n'était pas faite pour les Noirs. Mais alors, les Noirs n'iront pas donc au ciel, puisqu'il est dit dans la Bible : « Hors de l'Eglise point de salut »[27]. Le R.P.S. nous a pourtant toujours enseigné que tout le monde pouvait aller au ciel, du moins tous ceux qui le méritent, les Noirs autant que les Blancs. Mon Dieu, comme c'est compliqué tout cela… » (p. 265).

Plus tard, au milieu des révélations de la sixa, Denis écrit encore :

> « …Moi aussi, je commence à me demander si la religion chrétienne convient vraiment aux Noirs, si elle est bien faite à notre mesure. Je le croyais fermement, puisque Jésus Christ a dit à ses apôtres : « Allez et annoncez la Bonne Nouvelle aux peuples de la terre… » Mais maintenant, je ne sais plus… « Allez annoncez la Bonne Nouvelle ». Il l'a pourtant dit, Jésus Christ ! Je suis certain qu'il l'a dit ! Même que c'est écrit dans la Bible !...
> Est-il certain qu'en le disant il songeait aussi à nous ? Bon Dieu ! Si hors de la barque de Pierre point de salut… si c'est vrai cela, les Noirs ne vont donc pas au ciel ?... Nous n'allons pas au ciel ! Zut ! Voilà que je me mets à radoter. Je ne devrais pas me lasser aller à de pareilles pensée : je risque d'y perdre ma foi ! » (p. 304).

Le dernier mot sur ce thème est prononcé par le R.P.S. dans son émouvant dernier sermon en paroisse. Il annonce sa rentrée en Europe. Il expose rapidement son désir de se reposer et surtout de réfléchir à leur égard. Il les exhorte encore :

> « …Dans l'avenir, essayez de vous améliorer. Oui, je sais que c'est très difficile pour vous. Pourtant, ce ne doit pas être impossible ! Notre Seigneur Jésus

---

[27] La phrase appartient plutôt à la Patristique (saint Cyprien), mais elle est une conclusion tirée de textes bibliques à bien interpréter (cf. VATICAN II, *Lumen gentium*, n. 14).

Christ, le Fils de Dieu, n'a exclu aucun homme, aucune race de son royaume. Il devait aussi penser à l'Afrique, il ne pouvait pas ne pas penser à vous ! Un homme est un homme, tout homme peut être bon chrétien, pourvu qu'il s'y efforce. Qu'importent les mœurs, les coutumes qui varient ?... » (p. 340).

Quel panorama nous offre notre auteur à propos de la question radicale sur l'universalité de la foi chrétienne ?

D'un côté, il y aurait la vision rationaliste de Zacharie. Le bonheur de l'Europe est dans sa technique due à son argent. Le secret des Blancs réside à ce niveau. Le reste ce sont « des histoires ».

D'un autre côté, la vision civilisatrice de M. Vidal, dont le père était « un vrai maniaque de la colonisation » (p. 260). Le christianisme, pour lui, serait effectivement le secret de la civilisation occidentale, il faut donc l'instaurer, mais peut-être de façon adaptée, vu les problèmes que pose surtout la morale chrétienne. Nous croyons que la vision globale reste ici intra – historique : il s'agit plus du bonheur sur terre que du Salut transcendant ; même si l'universalité est affirmée, ce serait l'universalité de la civilisation occidentale, et surtout française.

La vision du R.P.S. constitue une sorte de passage d'une position naïve, irréfléchie, mais profondément croyante – étendre le Royaume du Christ aux plus déshérités, avec des méthodes presque tyranniques – à une position plus mûre, où, à cause du coup de l'échec moral, il aimerait comprendre mieux cette universalité de la foi.

La vision de Denis est un écho de la prédication du Père, et elle a la vertu de proclamer le droit des Noirs au salut dans le Christ. Elle est pourtant simple, elle est au début d'une vie, où la réflexion ne fait que s'amorcer...

Il y aurait enfin certaines positions radicalement excluant le christianisme, en tant que religion des Blancs. Ce serait la réaction du chef païen. Pour quelque instant, la question du salut des Noirs à travers la religion des ancêtres effleure aussi la pensée du P. Drumont. Dans ce cas, la mission serait-elle nécessaire ?

Peut-être notre auteur n'a pas une thèse arrêtée sur cet ensemble de problèmes théologiques, mais une petite phrase mise en exergue au début du roman du roman – « Ce serait trop beau » (p. 6) – fait soupçonner qu'il fait de l'évolution du R.P.S. une sorte de paradigme qu'il propose spécialement aux missionnaires. Le propos du roman serait-il donc de soulever ces questions à l'égard de l'évangélisation des Noirs, plutôt que de donner d'ores et déjà des solutions précises.

De notre part, nous voulons souligner que l'Eglise elle-même a réfléchi à cette problématique de façon officielle, même pas une dizaine d'années après la publication du roman. En effet, *Lumen gentium* et *Ad gentes,* deux documents majeurs de Vatican II, ont abordé ces sujets en 1964 et en 1965 respectivement. L'Eglise y proclame, en continuité avec la réflexion théologiques traditionnelle, la catholicité du Peuple de Dieu (*L.G.* n. 13) et le caractère missionnaire de l'Eglise (*L.G.* n. 17), basés sur l'Incarnation rédemptrice du Christ, et en soulignant le respect de tout ce que, dans les mentalités, rites et cultures des peuples, on trouve de bon et de véritable, comme des « semences du Verbe » dans l'Esprit, à assumer, purifier, élever (cf. *Ad gentes* n. 6, 11 et 12).

Le **Salut** apporté par le Christ est donc eschatologique (*A.G.* n. 9), mais il doit être prêché dans l'histoire et pénétrer même le tissu de la vie personnelle et sociale (*A.G.* n.8). Le **Salut** est absolument universel et sa vertu parvient à tout homme, même au-delà du contact explicite et historique avec l'Evangile (cf.*Gaudium et Spes* n. 22). Mais le Christ a voulu entrer historiquement en rapport avec ses frères et les amener à la lumière et à la grâce du Salut par son Eglise « sacrement universel du Salut » (*L.G.* n. 48), envoyée prêcher la Bonne Nouvelle. Mission lente et mystérieuse qui se déploie tout au long de l'histoire humaine et donne sens religieux et définitif à l'aventure de l'homme sur terre.

Conclusion

Une lecture rapide du *Pauvre Christ de Bomba* ne peut que scandaliser. Il s'agit en effet d'un Christ bien « pauvre ». Les opinions sur Jésus, la foi et la mission, le portrait du R.P.S. et son revirement si radical, sa décision d'abandonner et l'échec de toutes ses initiatives, la critique de la colonisation française, une certaine insistance sure les aspects sexuels des personnages, tout peut contribuer à en faire une lecture passionnée et polémique.

Nous croyons que cela est survenu dans le contexte du premier moment de sa publication.

Si nous essayons de dépasser la polémique et si nous lisons ce roman avec le recul des années, il nous apparaîtra comme un récit bien construit, qui a su soulever un ensemble de problèmes très complexes posés par la première évangélisation en Afrique, concrètement au Cameroun, dans le contexte de la colonisation française. De ce point de vue, plus de cinquante après sa parution, l'œuvre de Mongo Beti peut encore paradoxalement aider la réflexion surtout des « nouveaux missionnaires » face à la « nouvelle évangélisation ».

Disons d'abord que l'image du P. Drumont qui apparaît dans les premières pages du roman, constitue un spécimen de missionnaire – colon, possible et peut-être historique, mais parfaitement opposé à l'image tracée par exemple par le vénérable Libermann, fondateur de la Congrégation du Saint-Esprit, à laquelle le R.P.S. est supposé appartenir[28]. Or, la problématique touchée par Mongo Beti était réelle, et le cas d'un missionnaire qui, par des questions de conscience quitterait la mission n'était pas chimérique. Pendant les années qui suivirent le Concile, quelques missionnaires ont abandonné les missions, et parfois ses engagements religieux et même la foi[29].

Mais l'enjeu actuel se trouve dans le fait que, loin de disparaître, l'Eglise catholique s'est affermie de plus en plus, et les Africains eux-

---

[28] Le *Directoire spirituel*, recueil de textes publié par Mgr. Le Roy, Général de la Congrégation en 1910 était le « miroir » du bon spiritain. L'esprit et les méthodes proposés étaient tout autres.

[29] Cela constitue un chapitre tout récent de l'histoire de l'Eglise et des missions. Une nouvelle réflexion missiologique s'amorce à partir des années de la contestation. Les ouvrages *Un nouvel âge de la mission* et *Chemins de la mission aujourd'hui* (Paris, 1974) seraient significatifs. Le célèbre article d'Eboussi Boulaga Fabien, « La démission » est paru dans la revue *Spiritus* en 1974.

mêmes sont devenus leurs propres missionnaires, selon le mot célèbre du pape Paul VI à Kampala en 1969. Cette perspective nouvelle était déjà un peu présente à l'esprit de Mongo Beti, qui fait cette allusion à peine voilée au connu abbé Jean Tabi, un des premiers prêtres camerounais ordonné par Mgr. Vogt :

> « On parle de faire d'Ekokot une vraie mission comme Bomba : il semble qu'on ait décidé de confier cette tâche à un prêtre noir ; ce prêtre noir, on l'attend toujours. Je le plains d'avance celui-là. Dans un pays comme celui-ci, avec gens tels que les Tala, ce ne doit pas être une sinécure de fonder une mission. Comme je le plains, ce prêtre noir... Je crois qu'il a été question de l'abbé Jean Bita : lui encore, il pourrait s'en tirer. C'est peut-être même le seul homme qui puisse réussir ici, en dehors du R.P.S. Il est si dynamique et son ascendant sur les gens chrétiens ou païens, partout où il passe, est légendaire. Il s'est fait aussi une grosse réputation sur le plan mystique puisqu'il est connu pour accomplir des miracles... » (p. 102-103).

N'y a-t-il pas là encore une intuition ? Les nouvelles « missions » seront fondées par le clergé africain, qui devra faire preuve de qualités particulières pour l'enracinement de la foi.

En effet, après le Synode pour l'Afrique et ses conclusions (1995), bien qu'il y ait un remerciement sincère à la génération des premiers missionnaires, il est acquis de parler d'une « nouvelle évangélisation ». Entendons-nous. Il ne s'agit pas de nouveaux dogmes, rites ou prescriptions morales, mais d'une nouvelle manière de vivre et prêcher le même Evangile du Christ, dans l'unité et la catholicité de l'Eglise. Il s'agit de « l'inculturation » comprise comme explication accessible, par ses comparaisons et ses catégories, du Credo chrétien ; comme expression rituelle africaine dans la célébration des sacrements institués par le Christ ; comme organisation pastorale des communautés chrétiennes où les moeurs sont vécus en véritable synthèse culturelle, sans que le fond des impératifs chrétiens soit renié.

Voilà donc un enjeu réel, qui fait de l'Eglise une puissante présence de libération humaine intégrale, une fois enlevée l'ambiguïté de la domination coloniale, et avec une collaboration internationale diversifiée[30], en vue d'un véritable approfondissement doctrinal, spirituel et moral du fidèle africain et des communautés africaines, qui pourraient devenir des vrais témoignages encourageants pour le reste de l'Eglise universelle.

Or, cela n'empêche pas de constater que *Le pauvre Christ de Bomba* apparaît comme vraiment « pauvre ». Ni les contenus, ni les méthodes, ni les œuvres, ni les résultats réels, chez les hommes ou chez les femmes résistent à une confrontation avec l'Evangile. Tout semble faussé. D'où la décision sage de partir et réfléchir.

Cette impression que nous laisse le roman peut être lue comme un cri pour l'authenticité évangélique de la mission, mais nous croyons qu'elle mérite d'être confrontée patiemment avec les données de la critique historique, afin de faire un bilan sérieux de ce chapitre désormais clos de la vie de l'Eglise en Afrique, mais dont l'importance est indéniable et dont le poids, dans les conscience des nouvelles générations, pourrait être aussi faussé par des témoignages exclusivement littéraires.

Nous voulons donc conclure notre relecture du *Pauvre Christ de Bomba* avec un rapprochement historique, en honneur des catéchistes africains de la première heure, puisque dans le roman il semble qu'ils étaient tous des hypocrites et corrompus.

En effet, le prestigieux historien camerounais Jean Paul Messina a publié une brochure avec le titre *Des témoins camerounais de l'Evangile* [31]. Il s'agit d'une présentation documentée de trois catéchistes laïcs. Andréas Kwa Mbange, Pius Otu et Joseph Zoa. La lecture de l'ouvrage nous met en contact avec des hommes d'une connaissance de la foi chrétienne et surtout d'un esprit évangélique et apostolique, que nous ne doutons pas de qualifier de saints.

---

[30] Après les indépendances, la nationalité des missionnaires s'est fortement diversifiée. Du reste, ils se trouvent normalement au service d'une hiérarchie locale désormais autochtone.

[31] Presses de l'UCAC, Yaoundé, 1998, 83 p. (Voir: *Annales de l'Ecole théologique Saint-Cyprien,* 3 (1998), p. 201-204).

Que parmi cette première génération nous puissions compter avec d'hommes de cette qualité spirituelle et morale est une preuve du « miracle » de la foi au Christ. Mbanga, premier baptisé catholique camerounais en Allemagne, fut collaborateur efficace des missionnaires allemands et puis français, jusqu'à sa mort à Douala, entourée des signes de la grâce en 1932. Pius Otu aussi, après une initiation à l'époque allemande, sera évangélisateur de Doumé, maître des traductions en ewondo, Epoux fidèle de sa femme devenue lépreuse. Il mourra le 21 décembre 1971. Joseph Zoa, après avoir intégré à plusieurs reprises sa tâche de catéchiste, devint le conseiller sage et courageux, l'ascète et le « père » de la mission de Nlong, jusqu'à sa mort, le 29 décembre 1971.

Il nc s'agit que de trois exemples, mais pour les générations chrétiennes d'aujourd'hui, à partir d'études documentées, il est nécessaire de pouvoir témoigner avec fierté de leurs « pères dans la foi », comme aussi d'être capables d'écouter ceux qui ont signalé l'envers de la médaille et dénoncé certaines ambiguïtés de la mission.

Conclusion générale

Notre petit essai peut devenir un témoignage de gratitude et un hommage à deux pionniers de la littérature africaine qui nous ont quitté récemment. En effet, Mongo Beti est décédé en 2001, et Ousmane Sembène en 2007. Cheikh Hamidou Kane est encore en pleine vitalité Dieu merci.

Les ouvrages que nous avons commentés appartiennent au même moment de l'histoire africaine contemporaine. *Le pauvre Christ de Bomba* est de 1956, *Les bouts de bois de Dieu* de 1959 et *L'aventure ambiguë* de 1961. Nous sommes à la veille des indépendances ou à l'immédiat lendemain. Nous avons choisi pourtant trois romans fort différents. L'œuvre d'Ousmane Sembène pourrait être qualifiée de roman social, celle de Hamidou Kane de récit métaphysique et celle de Mongo Beti de manifeste anti-missionnaire. Sans être du tout complet, l'éventail est quand même intéressant et les perspectives diverses.

Nous avons découvert toujours une confrontation frappante entre l'Occident et l'Afrique. C'est comme la toile du fond des trois romans. Bien sûr, dans un cas on souligne le choc social, dans un autre le choc idéologique et dans l'autre le choc religieux, même de façon générale nous pouvons dire que le commun dénominateur est constitué par le choc culturel. Dans les trois cas l'apport de l'Occident n'est pas nié, mais il est fortement critiqué. Il est donc intéressant de constater cette difficile synthèse, qui était initiée sous le signe de l'assimilation, et qui revêt de plus en plus un caractère réciproque, où, pour employer l'expression de Senghor, il s'agit du donner et du recevoir. Les propos du chevalier sur la culture universelle de l'avenir, sont d'une grandeur indéniable.

Or, la religion étant en quelque sorte l'âme de toute culture, il est très captivant de constater l'horizon islamique des écrivains sénégalais et l'horizon chrétien de l'écrivain camerounais. En effet, pour Ousmane Sembène, dans ce roman, le christianisme est tout à fait extérieur aux événements et à la vie des protagonistes, tandis que pour Hamidou Kane, l'école française et le séjour en France conduisent à des confrontations précises. Mais, dans les deux cas, c'est l'Islam qui est concerné de façon directe. Par contre, chez Mongo Beti, la narration de l'enfant de cœur nous plonge dans un milieu absolument catholique, bien qu'il ne manque des allusions à la religion traditionnelle. Ici pourtant l'Islam est pratiquement absent.

Et quel serait le résultat de notre enquête ?

Dans le premier cas, nous trouvons une confrontation radicale entre un Islam hypocrite et collaborateur d'un côté, et de l'autre un Islam qui inspire un humanisme ouvert et compréhensif de haute qualité. Dans le deuxième cas, de manière schématique, nous pourrions dire qu'il y a une mystique musulmane d'une formidable intensité, mais pourtant menacée par le choc avec l'Occident post-chrétien. L'issue de cette confrontation reste « ambiguë ». Dans le troisième cas, sous la plume de Mongo Beti, nous constatons et le réussite et la crise d'un christianisme colonial, qui nous porteraient à parler des « ambiguïtés » de la mission, et de la persistance de la religion traditionnelle. A souligner que cette-ci est pratiquement absente dans les auteurs sénégalais.

Y aurait-il quelque piste pour l'avenir religieux africain ?

On pourrait dire qu'un dialogue islamo - chrétien s'avère possible et désirable avec cet islam « humaniste » comme celui de Fa Keïta et spécialement avec cet islam de l'expérience mystique du jeune Samba Diallo. Il serait intéressant de se demander si la catéchèse et les célébrations liturgiques chrétiennes parviennent à éveiller des « extases » de la profondeur que nous avons vu dans le récit, possiblement autobiographique, de Hamidou Kane. En tout cas ce dialogue de vie, de prière et même théologique est un des éléments essentiels pour l'avenir pacifique du Sahel.

Pour ce qui est de la Religion Traditionnelle un peu partout il y a une nouvelle approche faite d'intérêt et de respect. On serait tenté même de dire que c'est dans le culte catholique qui fleurit et s'épanouit de manière nouvelle l'esprit profond de cette tradition. Nous sommes donc loin des remontrances exprimées par quelque page de Mongo Beti.

Pour ce qui du christianisme lui-même, nous aimerions dire que l'étude des romans que nous venons de faire nous ouvre à l'urgence d'une « nouvelle évangélisation », telle que proposée par les documents pontificaux et africains. En effet, il s'agit d'assumer les fruits d'une première évangélisation qui sont évidents dans la réalité des jeunes Eglises d'aujourd'hui, mais plus encore de poursuivre cette tâche par des africains, en dépassant les « ambiguïtés » de l'époque coloniale. Le même Mongo Beti, à son retour au pays, nous a avoué en conversation privée que le panorama qu'il observait autour n'était pas du tout celui de son enfance, et sa première constatation était celle de la nationalité des évangélisateurs.

En proclamant le monothéisme trinitaire, en soulignant la « kénose » de l'Incarnation et le couronnement vital de la Résurrection du Christ, s'ouvre c'est espace d'intégration supérieure qui permet à l'Africain de se sentir pleinement soi et accompli à un niveau de plénitude inimaginable.

Mais ces nouveaux apôtres africains, ne trouverons-ils pas dans leurs propres compatriotes à l'expression précise et raffinée l'inspiration et même la critique nécessaire pour bien accomplir leur tâche ? Sous cet angle, nous croyons en une véritable collaboration entre écrivains, pasteurs et théologiens, dans un moment si important de la vie du continent.

Il nous faut avouer en terminant que notre titre – « Dieu dans la littérature africaine » - nous paraît si prétentieux, quand le travail effectivement réalisé se limite à l'analyse de trois romans. Nous aimerions pourtant frayer une voie à poursuivre. L'encouragement reçu du pasteur Ka-Mana avale l'initiative qui serait à compléter, comme nous l'avons indiqué dans l'introduction.

Après cette brillante première génération d'auteurs de haut niveau, il nous faudrait des nouvelles vagues d'écrivains, de pasteurs et de théologiens, dans une période qui pourrait constituer une sorte de « patristique africaine ».

Yaoundé, avril 2005
Ferdinand Guillén Preckler sch.p.

Table

Introduction — 5

***Les bouts de bois de Dieu*, d'Ousmane Sembène** — 11
    1. Forme — 12
    2. Les femmes — 13
    3. Mentalités coloniales — 17
    4. Mentalités africaines — 20
    5. Dieu — 25
    6. Conclusion — 33

***L'aventure ambiguë*, de Cheikh Hamidou Kane** — 35
    1. Le cadre — 36
    2. La Foi — 39
    3. L'Occident — 46
    4. L'aventure ambiguë — 54
    5. Conclusion — 61
    6. Appendice — 63

***Le pauvre Christ de Bomba*, de** Mongo Beti   65
   1. Présentation   65
   2. L'adolescence d'un chrétien africain   68
      2.1 L'évolution morale   68
      2.2 L'évolution religieuse   71
   3. Les ambiguïtés de la mission   73
      3.1 L'aspect économique   73
      3.2 L'aspect culturel   77
      3.3 L'aspect moral   83
      3.4 L'aspect politique   85
      3.5 L'aspect théologique   89
   4. Conclusion   100

Conclusion générale   105

Table   109

Finito di stampare nel mese di marzo 2012
presso Mediagraf spa - Monterotondo (Rm)